이미
일어난
미래

The Future That Has Already Happened

# 이미 일어난 미래

이재규 지음

21세기북스

# Contents

# 제3부 | 피터 드러커의 선견력
Foresight · 129

# 🎐 서문

안토니오 비발디<sup>Antonio Vivaldi</sup>가 작곡한 바이올린 협주곡 「사계」는 발
표 당시부터 인기곡이었을 것이라고 생각하기 쉽다. 하지만 비발디의
작품이 즐겨 연주되기 시작한 것은 20세기 중반부터이다.

　이탈리아 작곡가 알프레도 카셀라<sup>Alfredo Casella</sup>가 토리노박물관에서
비발디 작품을 대량 발굴하여 1939년 9월 20일 시에나에서 비발디
페스티벌을 열면서 알려졌다. 사람들은 비발디의 아름다운 음악을
200년이 지난 뒤에야 들을 수 있었다.

　사람들은 요한 제바스티안 바흐<sup>Johann Sebastian Bach</sup>의 「무반주 첼로 모
음곡」을 '첼로의 구약성서'라고 말한다. 하지만 그 곡은 1889년 13세
의 파블로 카살스<sup>Pablo Casals</sup>가 바르셀로나의 고악보 가게에서 우연히
악보를 발견하면서 알려졌다.

바흐가 사망하고 140여 년 동안 마치 한 왕자가 나타나 키스로 잠을 깨워주기를 기다리는 '잠자는 공주'처럼 먼지 속에서 잠자고 있었던 것이다.

한 기자가 말년의 피터 드러커에게 회고록을 써보면 어떻겠느냐고 물었다. 그러고는 곧 그런 질문을 한 것을 후회했다고 한다. 드러커가 이렇게 대답했기 때문이다.

"이보게, 기자 양반, 그런 일에는 전혀 관심이 없네. 나는 작가야. 작가는 작품으로 평가받는 거야. 작가가 어떻게 살았는지는 중요하지 않아. 내가 어떻게 살았는지는 중요하지 않아. 하지만 내가 쓴 책들, 내 생각, 그런 것들은 남달랐지."

폴 새무엘슨Paul Samuelson은 조지프 슘페터Joseph Alois Schumpeter의 글은 사후 50년 뒤에 더 자주 인용된다고 했다. 드러커의 인생과 업적이 앞으로 어떻게 평가되고 재해석될지는 알 수 없다. 나는 세월이 흐른 뒤 현대 경영학의 아버지로 불리는 드러커 연구자들에게 참고자료가 되었으면 하는 바람에서 이 책을 썼다.

\*          \*          \*

나는 1992년 말 『자본주의 이후의 사회』를 번역한 후 지금까지 드러커 관련 저술을 22권 번역했고 책도 몇 권 출간했다. 일본 드러커학회와 한국경영사학회에서 논문도 발표했다.

드러커가 타계한 지 4년째 되는 해이자 탄생 100주년을 기념하는 해인 2009년에 드러커의 모든 저술을 정리하고 해설을 붙인『한 권으로 읽는 피터 드러커 명저 39권』을 펴냈다. 또한 드러커의 지론인 '지식이 가장 중요한 생산요소'를 기초로 역사관, 사회관, 인간관으로 정리하여 『지식역사』『지식사회』『지식근로자』라는 제목의 책도 출간했다.

이 책은 1992년 말 드러커를 처음 만난 후 지금까지 해온 연구를 종합하고 마무리하는 보고서이다. 그러니까 이 책은 내가 스스로 목표를 정하고 추진한 결과물이자 드러커 연구자로서 공헌할 일이 무엇인가에 대한 답이다.

이 책은 3부로 구성되어 있다.

제1부 피터 드러커의 유산legacy은『피터 드러커의 인생경영』이후의 이벤트, 즉 캘리포니아와 오스트리아 빈에서 개최된 '드러커 탄생 100주년 기념행사'에 참가한 기록이다.

제2부 피터 드러커의 통찰력Insight은 드러커 탄생 100주년을 맞아 하버드 비즈니스 리뷰과 각종 언론에 게재된 '드러커의 유산과 후계자'에 대한 기사를 나름대로 분석하고 드러커의 통찰을 요약한 것이다.

제3부 피터 드러커의 선견력Foresight은 '다른 사람들은 무시한 새로운 현실을 관찰하는 드러커' '모두 볼 때까지 아무도 못 본 것을 미리 본 드러커의 선견력'에 대해 다루고 있다. 그러니까 드러커가 전망한 미래의 모습과 그 미래를 전망하고 분석하는 얼개를 제시한다.

로버트 카파Robert Capa는 '사진이 만족스럽지 않다면 피사체에 충분히 가까이 다가가지 않은 것이다'라고 말했다. 나는 이 책을 쓰기 위해 여러 곳을 여행했다. 드러커 관련 행사 현장에 가까이 가보고 싶었기 때문이다. 그런 여행에 나는 많은 분들의 재정적 도움을 받았다. 한국섬유산업연합회 노희찬 회장님, 삼익THK 진영환 회장님, 삼한CI의 한삼화 회장님과 한승일 전무님, 자강산업의 민남규 회장님, 성도GL의 김상래 회장님께 지면으로 고마움을 표한다.

이 책의 일부는 엑셀런스 코리아, 월간 조선, 한국경제신문, 서울경제신문 등에 게재된 것이다. 어려운 출판 환경에도 책을 펴내준 21세기북스출판사 김영곤 사장님과 임직원들에게 감사를 전한다.

2010. 10.

이재규

# 제1부

## 피터 드러커의 유산
## Legacy

# 1. 그 어느 때보다 지금
## 드러커 탄생 100주년 기념행사(캘리포니아)

## 캘리포니아 클레어몬트

2009년 11월 3일 화요일 오후. LA 다운타운 유니언스테이션을 출발한 기차는 1시간이 채 안 되어 클레어몬트역에 도착했다. 클레어몬트는 주민이 3만 8천 명인 작은 도시로 별칭은 '나무와 공원과 클럽과 박사의 도시'이다.

도시 창설자들이 원래 사막이었던 이곳에 일일이 나무를 옮겨 심었다고 한다. 그 덕분에 이 지역 후손들은 나무의 도시라는 칭호를 듣게 되었다. 공원과 클럽이 많다는 것은 느긋하게 즐기는 노령인구가 많다는 뜻이다. 그리고 이곳이 박사의 도시인 것은 독특한 대학 시스템 때문이다.

LA와 마찬가지로 클레어몬트는 늦가을이라도 찬 기운은 느껴지지 않지만 오후 5시가 넘으면 어둑어둑해지기 시작한다. 호텔에 여장을 풀고 나서 더 어두워지기 전에 시차적응도 할 겸 운동 삼아 학교를 한번 둘러보기로 했다.

역에서 바로 북쪽으로 뚫린 길이 칼리지 에비뉴이다. 그 길을 계속 따라가면 포모나대학이 가장 먼저 나오고 이어서 오른쪽으로 클레어몬트대학교가 나온다. 그 옆에 스크립스대학이 자리 잡고 있다. 늦가을인데도 길 양쪽에 늘어선 아름드리나무들은 짙은 녹음을 드리우고 있었다. 나무 밑 가로등 허리에는 피터 드러커 탄생 100주년 기념행사를 알리는 휘장이 걸려 있었다.

피터 드러커 탄생 100주년 기념행사를
알리는 휘장

1887년 포모나대학이 처음으로 자리 잡은 후 클레어몬트는 곧 캘리포니아 동부지역의 교육 중심지로 발전했다. 약 2.6제곱킬로미터의 대지에 학부대학 5개*와 대학원대학교 2개**가 1925년 당시 포모나대학 학장 제임스 블레이스델James A. Blaisdell의 제안에 동참하

---

*포모나대학, 클레어몬트맥켄나대학, 하비머드대학, 피처대학, 스크립스대학
**클레어몬트대학원대학교와 케크대학원

여 클레어몬트대학 컨소시엄을 형성하고 있다. 7개 대학 모두 미국 내 대학평가에서 상위를 차지하고 있다. 특히 서부의 하버드로 불리는 포모나대학은 인문대학 평가에서 6위에 올랐고 하비머드대학은 이 공계 분야에서 MIT와 어깨를 나란히 한다.

대학은 개별적으로는 규모가 작지만 강의용 건물, 도서관 시설, 행정·학사운영 등을 통합하여 외관상으로는 마치 하나의 큰 대학처럼 운영된다. 종합대학의 편의성과 소규모 대학의 개별적 가치를 동시에 누리고 있다.


## 드러커의 길

칼리지 에비뉴에서 오른쪽 일레븐스 스트리트로 꺾으면 피터 드러커 앤드 마사토시 이토 경영대학원이 속해 있는 클레어몬트대학원 대학교가 나온다.

원래 드러커경영대학원이었고 지금도 그렇게 불린다. 이 대학원의 긴 명칭의 유래는 이렇다.

드러커는 1990년대 말 2천만 달러라는 거금을 기부한 사람의 이름을 자신의 이름만 딴 대학원의 명칭에 포함시키기를 바랐다. 그러나 대학원의 명칭을 바꾼다는 소문이 떠돌자 학생들이 반대했다.

학생들은 심지어 항의 플래카드를 들고 총장 사무실로 쳐들어왔다. 드러커는 앞으로 대학이 잠재적 기부자들에게서 큰 기부금을 유치하는 데 어려움을 겪게 될 것이라고 예상했다. 그는 와병 중이었는데도 직접 나서서 학생들에게 말했다.

"내가 죽고 나서 3년이면 내 이름은 학교 발전에 전혀 도움이 안 될 것으로 확신한다. 교명에서 아예 내 이름을 빼는 조건으로 1천만 달러를 얻을 수 있다면 그렇게 해도 좋다."

2004년 1월 클레어몬트대학원대학교는 드러커의 일본인 친구로 이 대학원에 거금을 기부한 이토요카도와 일본 세븐 일레븐 소유주 마사토시 이토Masatoshi Ito, 伊藤雅俊를 드러커경영대학원 이름에 추가했다. 그로부터 1년 후인 2005년 드러커는 타계했다. 드러커는 학문적 성과와 기부금 유치로 학교에 기여한 것이다. 마사토시 이토 회장은 2008년 가을 드러커의 미망인 도리스 여사가 주도하는 '여성 리더십' 프로그램에 100만 달러를 기부했다.

드러커의 길을 알리는 표지판

칼리지 에비뉴에서 오른쪽 일레븐스 스트리트로 돌아섰다. 길 이름이 일레븐스 스트리트가 아니라 '드러커의 길Drucker Way'로 되어 있었다. 길을 잘못 든 것인가 싶어 왼쪽 길로 가보았더니 그쪽이 일레븐스 스트리트였다. 이상하다 싶어 오른쪽으로 한 블록 더 갔더니 다시 일레븐스 스트리트라고 되어 있다.

호텔로 돌아와 클레어몬트대학원대학교 홈페이지를 검색했더니 대략 한 달 전인 10월 8일 클레어몬트대학원대학교는 드러커 탄생 100주년을 기념하여 클레어몬트대학을 동서로 가로지르는 일레븐스 스트리트 중 칼리지 에비뉴와 다트머스 에비뉴 사이를 '드러커의 길'로 명명하는 기념행사를 했다고 되어 있었다.

드러커경영대학원의 아이라 잭슨Ira A. Jackson 원장은 기념식에서 도로 명칭의 변경을 허락해준 클레어몬트 시장에게 감사의 뜻을 전하며 다음과 같이 말했다.

"'드러커의 길'은 영국 옥스퍼드와 비슷한 방식으로 운영되는 클레어몬트대학 컨소시엄에서 매우 생산적인 인생을 보낸 한 위대한 사상가에게 걸맞은 감사의 표시이다. 드러커는 1971년부터 2005년까지 30년이 넘도록 이 길을 오가며 경영과 사회 문제에 대해 생각했다. 그는 이곳에서 연구하고 가르치며 우리 대학원의 명성을 크게 높였다."

# 클레어몬트와 빈에서 개최된
## 드러커 탄생 100주년 기념행사

드러커는 1909년 11월 19일 오스트리아의 수도 빈에서 태어났다. 오스트리아 학계와 기업계에서는 2009년 11월 19일과 20일 이틀 동안 기념행사를 하기로 했다. 이날 도리스 여사도 참석할 예정이었다. 드러커가 타계한 클레어몬트에서는 11월 2일 월요일부터 11월 8일 일요일까지 꼭 1주일 동안 주간행사를 개최했다.

　나는 원래 샌프란시스코에 있는 친구들을 만나보고 11월 1일 이곳에 도착할 계획이었으나 급한 일 때문에 11월 3일 저녁에 도착했다.

　'피터 드러커 탄생 100주년을 기리는 주간행사'는 현대 경영학의 아버지로 불리며 경영, 경제, 예술, 사회, 정치 분야에 걸쳐 39권의 저서를 남겼으며 민간인으로 받을 수 있는 최고의 영예인 미국 대통령 자유메달을 받은 피터 드러커 탄생 100주년을 기념하는 행사이다. 또 그의 탄생뿐만 아니라 사상을 되돌아보고 그것이 21세기에 어떤 의미가 있는지 논의하는 모임이다. LA 다운타운에서는 일반 대중을 위한 공개강연이 열릴 예정이다. 클레어몬트 교내에서는 강연회와 학술행사가 진행되고 일본화 전시회가 열리고 교수들의 출판기념회가 있을 예정이다.

　다시 말해 이 주간행사는 위대한 한 학자의 탄생 100주년을 기리는 자리이지만 이 행사를 통해 주최측은 '지식은 끊임없이 개선되어야 하고 도전받아야 하고 또 지속적으로 향상되어야 한다. 그렇지 않으면 지식은 사라지고 만다'라는 드러커의 주장을 되새기는 것이다. 드러커의 가르침이 각각의 지역사회를 긍정적으로 변화시킬 수 있도록 협조하고 또 드러커의 명제 '경영학은 인문예술이다Management is a liberal art'를 확산하려는 의도로 추진되었다.

이 세미나에서 한 가지 특이한 점은 1주일이나 진행되는 각종 행사와 세미나에 참가비가 없었다는 점이다. 켄 블렌차드Ken Blanchard, 워런 베니스Warren Bennis, 찰스 핸디Charles Handy, 짐 콜린스Jim Collins, 스티븐 코비Stephen Corvey, 프랜시스 헤셀바인Frances Hesselbein 등 경영계에서 기라성 같은 강사들이 등장하는 주간행사가 무료로 진행되었다. 세미나는 자리가 한정되어 있어 예약을 받았다. 마지막 날인 11월 8일 주간행사 폐막식 겸 도리스 여사와 함께하는 점심식사도 비용을 달리 청구하지 않았다.

다만 11월 7일 토요일 하루 종일 진행되는 행사에 아침과 점심 식사비로 60달러를 받았다. 그것도 식사를 원하는 사람만 내면 되었다. 모든 세미나에 우선해서 참석할 수 있고 각종 리셉션과 식사에 초대받는 등 VIP 자격을 부여하는 조건으로 기부금을 요청했다.


## 캠퍼스에서 만나는 켄 블렌차드

주간행사 첫째 날인 11월 2일 월요일 '캠퍼스에서 만나는 켄 블렌차드Ken Blanchard Live on Campus!'라는 제목의 강연이 바우어빌딩에서 오후 3시 30분부터 5시까지 열렸다.

연사 켄 블렌차드는『칭찬은 고래도 춤추게 한다』『1분 경영』『누가 내 치즈를 옮겼을까?』 등으로 우리나라에도 잘 알려져 있는 리더십 전문가이다.

경영자들의 경영활동에 켄 블렌차드만큼 영향을 미친 사람도 드물다. 그는 탐구력이 뛰어난 저술가 겸 연설가로 세계에서 영향력이 큰 리더십 전문가들 중 한 사람이다. 그는 리더십 분야에서 수십 년간 수행해온 틀을 바꾸는 작업을 벌여 많은 사람의 존경을 받고 있다.

켄 블렌차드는『칭찬은 고래도 춤추게 한다』에서 '고래 반응Whale Done response'이라 불리는 고래 훈련법이 인간관계를 성공적으로 맺기 위한 훈련법과 같다고 주장했다. '고래 반응'은 다음과 같다.

첫째, 고래가 쇼를 멋지게 해냈을 때는 즉각적으로 칭찬한다.

둘째, 실수를 했을 때는 질책하는 대신 관심을 다른 방향으로 유도한다.

셋째, 중간중간에 계속해서 격려한다.

나는 하루 늦게 이곳에 왔기 때문에 켄 블렌차드의 강연은 듣지 못했다.

# 피터 드러커 소장 일본화 전시회 개막 리셉션

저녁 7시부터 9시 30분까지 스크립스대학의 윌리엄슨 갤러리에서 '피터 드러커 소장 일본화 전시회'의 개막 리셉션이 열렸다. 전시 품목은

14~19세기 일본화들로 드러커의 '산소 컬렉션Sanso Collection' 중 「관음보살」 「달마도」 「풍경화」 「화조도」 「선화」 등 36점이었다.

브루스 코츠Bruce Coats 교수는 스크립스대학이 가을학기에 개설한 '선불교와 일본 예술' 과목을 수강하는 이 대학 학생들에게 선禪 사상의 강력한 이미지를 선 화가들이 어떻게 간소한 필법으로 표현했는지 보여주기 위해 그런 주제에 맞는 작품들을 선별했다고 했다. 전시회를 둘러본 이야기는 뒤에 하겠다. 내가 이번 행사에 참석한 주요 이유는 드러커의 '산소 컬렉션'을 보고 싶어서였다.


# 리더십 올스타 이벤트

둘째 날인 7월 3일 화요일에는 LA 다운타운에서 일반 대중을 위해 '리더십 올스타 이벤트Leadership All-Stars Event'라는 표어를 내건 강연회가 열렸다. 아침 8시부터 오후 12시 30분까지 로스앤젤레스 노키아 극장에서 개최된 이 강연회에서는 워런 베니스, 켄 블렌차드, 찰스 핸디가 등장하여 '비전과 리더십의 특성qualities of vision and leadership'이라는 주제로 드러커 탄생 100주년을 기리며 자신들의 생각을 발표했다. 강연회의 사회를 맡은 아이라 잭슨 원장은 이 세 사람을 쓰리 테너에 비유하여 소개했다.

베니스는 리더십 분야에 30여 권의 책을 쓴 남가주대학 석좌교수이다. 베니스는 조직의 성공은 '위대한 그룹Great Group'을 가진 '위대한 리더Great

Leader'에게 달려 있고 각각은 다른 하나가 없이는 목적을 달성할 수 없다고 강조했다. 베니스는 드러커와 마찬가지로 사명의 중요성을 강조했다. 회사는 사명을 개개인의 핵심역량에 영향을 미칠 정도로 의미 있는 것으로 만들어야 한다. 그 경우 개개인은 자극을 받고 생산성을 높이게 된다. 베니스는 리더의 역할은 조직의 사명이 외부 사회에 공헌하는 데 얼마나 중요한지를 조직의 모든 구성원이 인식하도록 하는 것이라고 했다.

'영국의 드러커'로 불리는 핸디는 런던 비즈니스 스쿨의 공동창업자이자 현존하는 유력한 경영사상가이다. 우리나라에서도 『정신의 빈곤 : 이기주의는 자본주의의 필요악인가』와 『비이성의 시대 : 왜 새로운 게임에는 새로운 규칙이 필요한가』가 번역·출판되었다.


## 찰스 핸디와의 대화

셋째 날인 11월 4일에는 클레어몬트 캠퍼스에서 핸디와 프랜시스 헤셀바인이 각각 9시부터 10시 30분까지, 오후 3시 30분부터 5시까지 주제 발표를 했다.

나는 아침 일찍 '찰스 핸디와의 대화Conversation with Charles Handy'가 개최되는 하놀드 도서관 설립자 홀로 갔다. 도서관 2층 구석진 곳에 자리 잡은 홀은 30명가량이 앉을 수 있는 곳이다. 기부자 윌리엄 하놀드William Honnold의 초상화가 벽난로 위쪽 벽에 걸려 있다. 사방 벽면에는 그가 기증한 조각, 그림, 동양 미술품이 전시되어 있다.

9시쯤 되자 개별 의자를 원형으로 배치한 홀은 참석자들 20여 명으로 가득 찼다. 주로 MBA 과정 학생이거나 졸업생인 것 같았다. 핸디는 2008년 하반기부터 드러커경영대학원에서 초빙 석좌교수 자격으로 MBA 학생들에게 '오디세이 스틸 라이프 코스Odyssey Still Life Course'라는 주제로 강의를 해왔다.

이날의 세미나 주제는 '성공한 리더들의 공통적인 특성은 무엇인가?'이다. 핸디는 성공한 사람들은 공통적으로 자아지식self-knowledge, 즉 '자신이 진정 누구인지'를 알고 있다고 주장했다. 성공하는 개인은 자신의 꿈을 실현할 용기가 있어야 한다. 그 용기는 다시 자신의 꿈과 협력자의 도움을 받아 보강해야 한다는 것이다. 결국 좋은 인생은 다른 사람들의 복지를 위해 자신이 가장 잘하는 일을 하는 것이고 성취적인 인생이라는 자기 자신의 목적을 초월하는 목적이 있는 인생이라고 했다.

세미나에는 핸디의 부인으로 사진가이기도 한 엘리자베스 여사가 참석하여 '개인 정물화를 통해 미리 본 개인의 미래'라고 번역할 수 있는 '개인 정물 초상화Personal Still-Life Portrait'라는 개념을 제안하고 설명했다. 엘리자베스 여사는 '개인 정물 초상화'를 이용하면 핸디가 말한 자아지식을 파악하는 데 도움이 된다고 말했다. 엘리자베스 여사는 사진가이기도 하지만 가정주부이기도 하고 핸디의 개인비서이기도 하다. 그런 자신의 세 가지 모습을 한 장의 '개인 정물화' 사진으로 보여주었다.

엘리자베스 여사는 사람들의 표현방식이 점점 더 비주얼화하므로 개인의 심리나 생활도 사진으로 표현하는 것이 유용하다고 강조했다. 예컨대 해골과 책 등을 그린 정물화는 결국 잠재된 내면의 죽음과 성취를 외부로 표현하는 것이다. 그런 식으로 해석하여 학생들이 각자 가정에서 사용하는 대상물을 다섯 가지 가져오면 엘리자베스 여사가 이를 골고루 정리하여 사진에 담았다. 그러면 학생들은 그 개인 정물 초상화를 보고 자아정체성을 파악하며 미래의 관심사에 열정을 표현할 수 있다는 아이디어였다.


## 드러커 아카이브

핸디의 세미나가 끝난 뒤 드러커 아카이브로 가서 그곳에 전시된 자료들을 둘러보았다. 일차적으로 드러커의 저서들이 외국에서 번역된 책들과 함께 진열장에 전시되어 있었다. 특히 드러커가 사용하던 타이프라이터 옆에는 내가 번역한 『자본주의 이후의 사회』가 있었다. 팸플릿에도 그 책이 나와 있어서 흐뭇했다.

그곳 직원에게 최근 내가 감수한 두 권으로 된 『매니지먼트Management』를 기증했다. 그랬더니 그 직원은 나에게 2008년 짐 콜린스가 서문을 쓴 수정판 『매니지먼트』 한 권을 주었다.

나는 드러커가 받은 각종 상과 기념물을 일일이 구경했다. 드러커 탄생 100주년을 축하하여 아놀드 슈왈제네거 캘리포니아 주지사가 보낸 편지, 1966년 일본 정부로부터 받은 훈장증, 2001년 구세군으로부터 받은 에반젤린 부스상Evangeline Booth Award 조각, 2003년 미국경영협회로부터 받은 '리더십 비저너리상Leadership Visionary Award' 등이 진열되어 있었다.

2002년 드러커는 경영학 분야에 미친 공로를 인정받아 조지 W. 부시 대통령에게서 대통령 자유메달을 받았는데 그 메달이 보이지 않았다. 직원에게 물어보았더니 유족측이 아직 아카이브에 기증하지 않았다고 대답했다.


## 개구리와 달팽이 그리고 새우를 먹어 치운 겐슈

구내식당에서 점심을 먹고 오후 1시에 윌리엄슨 갤러리로 갔다. 갤러리 개관시간은 오후 1시부터 5시까지이다. 갤러리는 입구 가로등 중간에 걸어놓은 휘장이 없다면 위치를 찾을 수 없을 정도로 길 안쪽에 자리 잡고 있었다.

나는 갤러리를 두 번 찾았다. 첫날은 1시부터 3시 30분까지 모든 그림과 그림의 해설을 보는 데 치중했다. 다음 날은 관심 있는 몇 작품만 골라 집중적으로 감상했다. 드러커의 소장품 중 「관음보살」이나 「달마도」는 우리나라에서 흔히 보는 것과 크게 다르지 않았다. 다만 작품의 연대가 14~19세기라는 점이 드러커 수집품의 수준을 짐작하게 해주었다.

선의 전통은 개인적 체험의 결과이므로 선승들의 생각을 선 화가들이 그림으로 표현한 선화는 '그림으로 보는 화두'라고 해도 크게 틀리지 않는다. 전시품 중 인상 깊은 그림은 드러커가 특히 좋아했다는 센가이 기본仙厓義梵이 그린 「개구리와 달팽이」였다. 센가이는 수묵화에 능한 스님으로 일본 최초의 선불교 사원인 쇼후쿠지聖福寺를 세워 남은 생을 그곳에서 보냈다.

간소하게 그린 「개구리와 달팽이」는 얼핏 보기에는 한가롭지만 자세히 보면 엄청난 긴장이 넘쳤다. 달팽이를 보고 있는 개구리의 앞다리는 유연하게 명상 자세를 취하고 있다. 하지만 삐죽이 나온 뒷다리

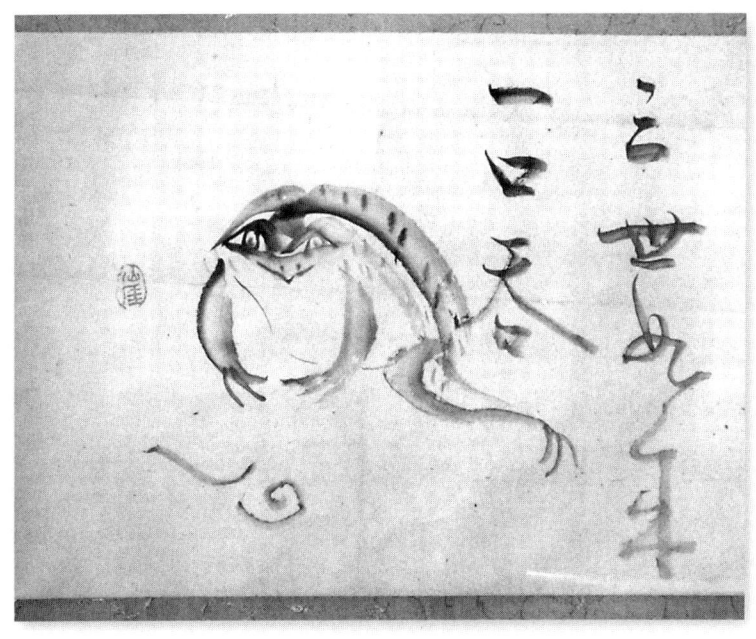

「개구리와 달팽이」

는 언제든지 점프하여 달팽이를 덮칠 수 있다. 달팽이는 그런 위험도 모르고 껍질 속에서 유유히 빠져나오고 있다. 곧 두 몸뚱이는 하나가 될 터. 이런 모습을 센가이는 '부처는 과거와 현재 그리고 미래라는 세 세계를 한 입에 먹어 치웠다'라고 설명했다.

다른 하나는 요게츠<sup>Yogetsu</sup>가 그린 「새우를 먹어 치운 겐슈」다. 선승이 새우 한 마리를 눈앞에 가까이 들고 어찌할까 하며 쳐다보고 있는 그림이다. 그림의 화두는 깨달음을 얻은 스님이 만물은 둘로 나눌

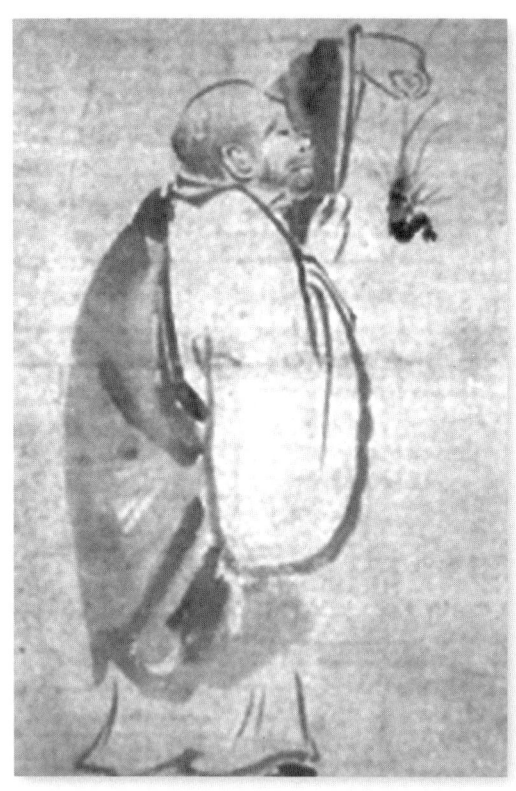

「새우를 먹어 치운 겐슈」

수 있는 것이 아니라는 사실을 알고부터 부처를 따르는 사람은 살생해서는 안 되는 이유가 무엇인지 고민하는 것이다.

이 그림을 보면 당황스럽다. 만약 그가 선승이라면 새우를 먹어서는 안 된다. 살생해서는 안 되니까. 하지만 그가 깨달음을 얻었고 모든 사물이 하나로 통합된다는 것을 알았다면 살생해서는 안 된다는 규칙을 지킬 필요가 있는가? 만약 생물을 죽일 수 없다면 자신과 그 생물을 구분하는 것이므로 통합은 불가능하게 된다. 어떤 식으로라도 관람객들을 괴롭히고 내적 갈등을 일으킬 것이 분명한 이 그림은 '그림으로 보는 수수께끼'인 셈이다. 그야말로 선을 수행할 때 불가피하게 겪게 되는 상황이다.

결국 겐슈Kensu 스님은 불교의 인습적 가르침을 거부하고 새우를 먹는다. 그리고 스님과 새우는 곧 하나가 된다. 그러니까 이 그림은 겐슈 스님이 깨달음을 얻는 순간을 표현한 것이다.

나는 도서관에서 겐슈에 대한 자료를 더 검색해보았다. 겐슈는 중국의 전설적인 선승이다. 중국어로는 Hsien-tzu 혹은 Xianazi로 표기하며 동산양개洞山良价의 제자로 추정한다고 되어 있었다. 그는 기이한 삶을 산 스님으로 추울 때나 더울 때나 검소한 옷 한 벌이면 족했고 매일 그물을 들고 강으로 가서 어슬렁거리며 새우와 조개를 잡아먹고 살았다고 한다.

이 그림을 그린 요게츠는 1485년경 가장 활발하게 활동한 선 화가이지만 생몰연도를 포함하여 일본인인지, 중국인인지, 한국인인지 정확하게 알려진 것이 없다.

# 드러커와 일본화

현대 경영학의 아버지로 불리는 드러커는 1975~1985년에 포모나대학에서 일본화를 주제로 강의를 했다. 잘 알려지지 않은 사실이다. 드러커는 우연한 일로 일본화를 수집하게 되었다.

1934년 드러커는 런던에서 금융기관에 근무했다. 어느 날 베링턴 아케이드를 지나는데 갑자기 소나기가 내렸다. 그는 비를 피할 겸 영국의 미술작품을 보러 근처에 있는 로열아카데미미술관에 들어갔다. 그런데 로열아카데미미술관에서는 마침 일본화 순회전시가 열리고 있었다. 드러커는 그때 처음으로 일본화를 보았다.

1940년대 초반 제2차 세계대전이 한창일 때 드러커는 워싱턴 미국 방부 고문으로 근무했다. 그때 그는 동양예술품을 소장하고 있는 스미소니언박물관 부속 프리어갤러리에 종종 들렀고 그곳에서 선 화가들의 상상력 넘치는 풍경화에 매료되기 시작했다. 하지만 그때까지도 드러커는 일본화를 수집해야겠다는 생각은 하지 않았다. 또 미국에서 일본화를 수집할 방법도 없었다.

1950년대 패전국 일본은 미국을 배우기 위해 유명 경영학자들인 에드워드 데밍Edwards Deming, 조지프 주란Joseph M. Juran, 드러커 등을 초빙했다. 1959년 드러커는 처음으로 일본을 방문하면서 일본화를 본격적으로 수집하기 시작했다. 드러커는 1975~1985년에 포모나대학에서 동양미술을 강의했다.

그는 이런 경험과 연구를 바탕으로 1979년에 일본화 평론집 『붓의 노래Song of the Brush』를 썼다. 하지만 이 책은 드러커의 저서 가운데 재판을 찍지 못한 유일한 책이다. 1994년 드러커는 로스앤젤레스 타임스 기자 수잔느 무쉬니크Suzanne Muchnic와 인터뷰하면서 이렇게 말했다.

"나는 일본화와 사랑에 빠졌지요. 사람은 왜 사랑에 빠지는지 설명하지 못해요. 어쨌든 나는 그렇게 되었어요."

나도 그와 만난 적이 있다. 1992년 말 드러커의 신간 『자본주의 이후의 사회』를 번역하고 나서 클레어몬트 자택에서 드러커를 처음으로 만났다. 그때 드러커는 이렇게 말했다.

"내가 후회할 만한 일이 있다면 그것은 40년 전부터 한국의 도자기를 수집하지 못했다는 것이에요. 한국의 도자기는 고려시대의 청자부터 조선시대 백자에 이르기까지 세계 최고의 완전한 도자기예요. 이 세계의 가장 위대한 예술적 보물들이지요."

솔직히 나는 그 말을 그냥 하는 한국 예찬으로 치부했다. 그러나 이번 전시회를 보면서 드러커가 허튼소리를 하지 않았고 또한 동양예술에 대한 관심이 얼마나 진지했는지를 알게 되었다.

나는 이 전시회를 보기 위해 '드러커 탄생 100주년' 주간행사에 참석했던 것이다. 이 전시회는 여러 다른 학문 분야를 폭넓게 연구하여 인간조건에 대한 통찰력을 이끌어낸 드러커의 역량이 어디에 있는지를 보여주었다. 전시회는 주간행사가 끝나고도 12월 6일까지 계속되었다.

# 일본화에서 엿본 일본, 일본인

드러커는 1979년『붓의 노래』에서 '만약 일본의 미학을 서양화나 중국화와 비교하여 정의를 내리라고 주문한다면 나는 서구의 그림은 기본적으로 기하학적이고 중국화는 대수학적이고 일본화는 위상수학적이라고 정의하겠다'라고 말했다. 다음은 드러커가『붓의 노래』에서 서양화, 중국화, 일본화를 비교한 글이다.

"근대 서구의 그림은 1425년경 공간을 기하학에 종속시킨 선형 원근법의 재발견과 함께 시작했다. 중국화는 대수학적이다. 마치 조화가 중국의 윤리를 지배하듯이 중국화는 조화가 지배한다. 이와는 대조적으로 일본화는 위상수학적이다. 위상수학은 1700년경 발견된 수학의 한 분야로, 표면과 공간의 속성을 파악하려는 수학의 한 갈래이다. 표면과 공간 속에서 형태와 선은 공간적으로 정의되므로 쌍곡선처럼 직선과 곡선 사이에는 당연히 차이가 없다. 위상수학은 각도와 소용돌이 현상과 경계선을 취급한다. 위상수학은 공간에 무엇이 부과되는지가 아니라 공간이 무엇을 부과하는지를 다룬다. 일본 화가는 미학이라는 관점에서 보면 위상수학적이다. 일본 화가는 공간을 먼저 보고 그다음 선線을 본다. 그는 선부터 시작하지 않는다는 말이다."

서구의 미술비평가와 예술사가에게 화가는 그림의 대상object을 먼저 보는 것이 아니라 그림의 배치configuration를 먼저 본다는 말은 거의 100년 동안 상식이었다. 그러나 일본의 화가가 보는 형태Gestalt는 구조structure라기보다는 오늘날 우리가 말하는 디자인이다. 바로 위상수학자가 위상수학적인 표현 '공간을 결정하는 것이 선이라기보다는 선을 결정하는 것이 공간이다'라고 할 때 의미하는 바이다.

"10분 만에 그리기 위해 80년을 배웠지요."

하쿠인 에카쿠白隱 慧鶴가 달마도 한 점을 그리는 데 시간이 얼마나 걸리는지 묻자 대답했다고 전해지는 말이다. 물론 렘브란트도 말년의 자화상을 그리는 데 시간이 얼마나 오래 걸리는지 질문을 받으면 같은 대답을 했을 것이다. 클로드 모네도 렝스 대성당의 「빛의 찬가」에 대한 같은 질문에 마찬가지로 대답했을 터이다.

하지만 하쿠인의 대답은 서구 예술가들의 그것을 넘어서는 두 가지 의미를 담고 있다. 일본인들이 인간 본성을 보는 관점과 학습의 본질에 대한 일본인의 관점을 표현하고 있다. 서구나 중국의 경우에는 비교할 만한 대상이 없다. 일본인들의 모습과 초상화에서나 찾아볼 수 있는 하나의 특징이다. 즉 정신적 초상화이다.


# 10분 만에 그리기 위해 80년을 배웠지요

만약 어느 서구인이 렘브란트의 최후의 초상화가 표현하려는 것이나 모네의 순수한 빛이 지니는 의미를 표현하기 위해 80년의 세월이 걸렸다고 말한다고 해보자. 그때는 그림 그리는 기술을 터득하는 데 걸린 연습기간을 말한다.

그러나 일본인들이 말하는 '80년의 세월'은 무엇보다도 달마도를 그릴 수 있는 사람에게 필요한 정신적 자아실현spiritual self-realization에 걸리는 시간이다.

　오래된 선문답에 이런 것이 있다.

　"모든 달마도는 그것을 그리는 사람의 (정신적) 자화상이다."

　달리 말해 자아훈련을 수십 년 동안 하지 않은 선 화가는 「달마도」를 그릴 자격이 없다. 달마는 신神이 아니며 성인聖人도 아니다. 그는 한 인간이다. 그러나 그는 인간의 정신적 잠재력을 완전히 실현하고 있는 사람이다. 오직 스스로 달마가 상징하는 그런 영적 존재가 된 화가만이 「달마도」를 그릴 수 있다. 아무리 화가로서 붓 솜씨가 뛰어나다 해도 달마 같은 정신과 자질이 부족하다면 그가 그린 「달마도」역시 그런 점들이 부족할 것이다.


# 캠퍼스에서 만나는 프랜시스 헤셀바인

오후 3시 30분부터 5시까지 드러커경영대학원 16호실에서는 '캠퍼스에서 만나는 프랜시스 헤셀바인Frances Hesselbein Live on Campus!'이라는 주제의 강연이 있었다.

　연사 헤셀바인은 미국 걸스카우트 연맹 회장을 지냈고 피터 드러커 비영리재단 이사회장을 맡아 드러커의 사상을 널리 알린 여성 리더이다. 헤셀바인은 고령에도 미국생명보험회사의 이사와 하버드대학 사회문제연구소 이사 등 여성 리더십을 향상하기 위해 활동하고 있다. 헤셀바인은 이렇게 말했다.

"우리는 '용기'라고 하면 흔히 외부 침입자를 막기 위한 육체적 용기를 의미하는 것으로 생각하는 경향이 있다. 그러나 때에 따라서는 올바른 것을 위해 일어서는 도덕적 용기가 더 필요하다."

드러커는 언젠가 사업이나 조직이 성공한 것은 어떤 사람이 용기 있는 결정을 미리 한 덕분이라고 말했다. 그런 용기야말로 도덕적 용기이다. 헤셀바인은 리더십을 신비한 무엇으로 보지 않았다. 리더십은 단순하면서도 직접적이다. 리더십이란 어떤 인간이 되는 것인가 하는 것이지, 어떻게 행동하는가 하는 것이 아니라고 주장했다. 결국 조직의 성과와 결과를 결정짓는 것은 리더의 수준과 인격적 특성에 달려 있기 때문이다. 오늘날 진정한 영웅들은 세상을 더 나은 것으로 만들기 위해 사업체라는 벽을 넘어 진출하고 있다.

헤셀바인의 주장은 드러커의 '리더는 타고나는 것이 아니라 어떤 특정한 행동을 하는 사람이다'라는 주장과는 다소 거리가 있다. '리더십에 적합한 자질'이라든지 '리더십에 적합한 성격' 같은 것은 존재하지 않는다. 따라서 리더십은 '리더십 자질'과는 거의 관계가 없고 '카리스마'와는 더더욱 관계가 없다고 주장했다. 리더십은 평범한 것이며 낭만적이지도 않고 매우 지루한 것이다. 리더십의 본질은 성과에 달려 있다.

# 캠퍼스에서 만나는 스티브 코비

11월 5일 목요일에는 『성공하는 사람들의 7가지 습관』으로 잘 알려진 스티브 코비 박사가 '캠퍼스에서 만나는 스티브 코비'라는 제목으로 발치 오디토리엄에서 오후 1시 30분부터 3시까지 강연을 했다.

코비는 자신의 트레이드마크인 '8가지 습관'에 대해 준비해온 도표를 중심으로 설명했다. 조직이 결과를 산출하려면 개인의 위대성 차원에서 7가지 습관을 통해 자기 목소리를 찾아야 하고, 리더십 위대성 차원에서 '다른 사람들이 그들의 목소리를 찾도록 영감을 불어넣고, 조직의 위대성을 실천하기 위해 4가지 실행능력을 갖춰야 한다'라고 주장했다.

기존의 7가지 습관은 다음과 같다.

1) 주도적이 되어라.

2) 목표를 먼저 세우고 행동하라(끝을 생각하고 시작하라).

3) 중요한 것부터 먼저 하라.

4) 윈윈 전략을 추구하라.

5) 남의 말을 먼저 듣고 이해한 다음에 남을 이해시켜라.

6) 시너지를 활용하라.

7) 심신(육체적·정신적·감정적·영적인 면)을 지속적으로 단련하라.


여기서 한 차원 더 추가하여 코비는 위대한 리더십 차원(8가지 습관)에서 팀원들에게 '신뢰, 명확한 목표, 시스템 정렬 그리고 속박을 풀고 재능을 풀어놓게 하라'고 제안했다.


# 일본의 가면극 노

클라크 인문학박물관에서는 오후 4시 '일본의 가면극 노能, Noh와 그리스 비극에 대한 비교연구'가, 오후 8시에는 '츠키오카 고교月岡耕漁와 목판화 노能의 보급'이라는 주제의 세미나가 열렸다. 나는 두 세미나 모두 참석했다. 클라크박물관에는 100여 점의 노 연극 판화가 전시되고 있었다. 세미나에는 대략 30명이 참석했다.

일본의 전통 연극 노 혹은 노가쿠能樂는 간소한 특수무대에서 상연하는 일종의 가면악극이다. 노라는 일본말은 예능, 재능, 능력 등을 말할 때 사용하는 한자어 能과 같은 뜻이다.

노의 역사는 600년이 넘는다. 14세기 후반 당대 예능계의 일인자였던 간아미觀阿彌가 고대 말부터 민간예능으로 행해온 사루가쿠猿樂를 원류로 하고 다른 여러 예능의 장점을 흡수하여 새로운 가무극 노로 정착시켰다. 간아미의 노는 3대 쇼군 아시카가 요시미츠足利義滿의 후원을 받아 발전하게 되었다. 간아미의 아들 제아미世阿彌가 이를 연극으로 완성했다. 노의 대본을 요쿄쿠謠曲라 한다. 전해오는 것은 1,700여 종에 달하며 불교의 영향을 받은 것이 많다. 오늘날 상연 가능한 곡은 240여 종이다. 노는 전용극장 노가쿠도能樂堂에서 노가쿠시能樂師라 불리는 전문 배우들이 공연한다. 노가쿠시는 가면을 쓰고 시공을 초월하여 현실과 영혼의 세계를 넘나들며 인간의 고뇌와 이상을 느린 음악에 맞추어 유장한 노래와 춤과 동작으로 전개한다. 따라서 노를 감상하는 사람들은 노의 스토리보다는 무대에서 펼쳐지는 노의 양식미를 더 즐긴다.

## 조르게 바스콘셀로스 에사와의 대화

11월 6일 금요일 오후 12시부터 2시까지 드러커경영대학원 16호실에서 조르게 바스콘셀로스 에사Jorge Vasconcellos e Sá 교수가 '위기를 벗어나 성공으로–드러커의 교훈'이라는 제목으로 강연을 했다.

에사 교수는 드러커경영대학원에서 석사를 했고 콜롬비아대학에서 박사를 했다. 현재는 리스본공과대학 교수로 있다. 그는 드러커의 저서 『경영의 실제』와 『기업가정신』의 영향을 많이 받았으며 경영전략이란 곧 다음과 같은 질문에 정확히 대답하는 것이라는 말을 했다.

경영전략을 제대로 수행하려면 반드시 몇 가지 질문을 하고 또 대답해야 한다.

첫째, 우리의 사업은 무엇인가? 무엇이어야만 하는가? 무엇이어서는 안 되는가?

대답은 고객과 접촉하는 것, 즉 고객이 필요로 하는 것이 무엇인지 파악하는 것이 당신 회사의 내일을 결정하는 출발점이다.

둘째, 고객은 누구인가?

고객은 누구인가?라는 질문은 아주 간단해 보인다. 그러나 속지 마라. 고객은 이제 당신이 제공하는 제품을 수동적으로 받아들이기만 하는 사람이 아니라 제품을 디자인하고 세련되게 하는 데 직접 참여한다.

셋째, 우리의 고객은 누구인가? 그 고객이 무엇을 가치 있는 것으로 생각하는가? 고객과의 관계에서 당신이 얻은 결과는 무엇인가? 당신의 대 고객전략은 기업전략과 잘 부합하는가? 고객으로 간주되어야만 하는 사람은 누구인가? 그리고 때로는 당신의 고객이 아니어야 하는 사람은 누구인가?

넷째, 고객의 가치를 높이기 위해서 무엇을 해야 하는가?

기업이 모든 것을 다 할 수는 없다. 모든 것을 다 방어하다가는 모든 것을 다 잃을 수도 있다. 따라서 무엇을 버리느냐, 즉 폐기할 것인가?도 매우 중요하다. 따라서 다음과 같은 질문을 해야 한다. 당신은 혁신을 (추진하기) 위한 자원을 확보하기 위해 먼저 무엇을 폐기해야만 하는가? 당신은 기회를 체계적으로 탐색하고 있는가?

오후 4시부터 5시 30분까지 하놀드 도서관설립자 홀에서는 드러커경영대학원 소속 교수들이 공저 『드러커 디퍼런스』 출판기념회를 열어 설명회와 저자 사인회를 했다.

# 드러커 센테니얼 데이

11월 7일 토요일을 '드러커 탄생 100주년 기념일Drucker Centennial Day'이라고 명명하고 종합적인 학술행사가 개최되었다. 클레어몬트대학원대학교 조 하우허Joe Hough 총장은 다음과 같이 축사를 했다.

"작가, 컨설턴트, 교육자로서 드러커의 일생은 놀랍게도 75년이라는 세월 동안 이어졌습니다. 그의 저서들은 현대 경영이론을 하나의 진지한 분과학문으로 격상시켰습니다. 드러커는 생전에 영예를 많이 누렸습니다. 2002년에는 국가로부터 민간인으로서 받을 수 있는 최고의 명예인 대통령 자유메달을 받았습니다.

드러커를 다른 많은 경영학자들보다 특별히 취급하지 않을 수 없습니다. 그는 기업이 자원을 어떻게 관리하는지에만 관심을 둔 것이 아니라 공적 조직과 사적 조직을 어떻게 하면 사회에서 도덕적으로나 윤리적으로 올바르게 운영할 수 있는지에 관심을 두었기 때문입니다.

드러커는 교육의 가치, 개인의 책임, 기업의 사회적 책임을 중시했습니다. 그의 진정한 유산은 자신이 주장한 가치관을 일관성 있게 스스로 실천했고 기업과 사회와 개인의 생활에 그런 가치관을 널리 확산시켰다는 것입니다.

드러커는 1971년 우리 대학교에 부임했고 우리는 1987년 그의 이름을 따서 경영대학원을 신설했습니다. 드러커라는 한 인간의 존재와 그가 보여준 헌신은 우리 대학교의 지위와 명예와 인지도를 크게 높여주었습니다. 우리 대학은 드러커의 '경영은 인문예술이다'라는 철학에 입각하여 경제학, 역사학, 사회이론, 법학, 과학을 종합적으로 가르치고 있습니다. 드러커의 통합적 비전은 통섭적 연구로 발전하고 있습니다.

한편 우리는 드러커가 남긴 유산이 우리들 각자에게 무슨 의미가 있고 그 유산을 우리의 일과 삶에서 실천하기 위해 어떻게 힘을 모을지 반추해보아야 합니다. 오늘 여기 참석한 최고경영자들, 학자들, 작가들 그리고 각계각층에서 그런 과업에 동참해주시기를 부탁합니다."

# 살아 있는 드러커 짐 콜린스

하우허 총장의 개식사에 이어 사회자 잭슨 드러커경영대학원장은 기조 연설자 짐 콜린스를 '살아 있는 피터 드러커'라고 소개했다.

콜린스가 해석한 드러커의 철학을 듣는 시간은 매우 즐거웠다. 그의 말 중 특히 공감이 가는 것은 '위대한 리더들은 지나치다고 할 정도로 야심이 크지만 그것은 자기 자신의 영달을 위한 것이 아니다!'라고 한 것이다. 콜린스는 진지함, 정직성, 신뢰성 등은 여전히 리더가 갖춰야 할 가장 중요한 특성인데도 사람들은 그것들이 너무도 기본적인 것이어서 자주 잊어버린다고 상기시켰다. 위대한 리더는 그런 기본적인 것을 항상 리마인드해야 한다고 강조했다.

또 다른 한편으로 콜린스는 리더들이 좁은 분야에 집중하느라 큰

드러커의 10초짜리 충고가 자신을 바꾸었다고 말하는 짐 콜린스

그림을 무시하는 경향이 있다고 경고했다. 인간의 잠재력은 무한하다. 그럼에도 불구하고 우리는 항상 스스로 한계를 낮게 정한다. 콜린스는 그 한계를 높이는 한 가지 방법으로 개인적인 이사회를 만들어보라고 제안했다. 주변 사람들 중에서 성과를 거둔 사람보다는 개인적인 특성이 강한 사람을 중심으로 마치 이사회처럼 자주 의견을 나누어보라는 것이다.

콜린스는 또 드러커를 처음 만났을 때 받은 다음과 같은 권고가 크게 도움이 되었다고 말했다.

"콜린스 교수, 당신은 학문적으로나 재무적으로 어떻게 성공할지에 대해서는 걱정하지 말고 어떻게 하면 더 나은 사회를 만들기 위해 유용한 사람이 될지를 생각해보세요."

콜린스는 그 10초짜리 대화가 자신의 모든 생활을 바꾸었다고 회상했다. 위대한 기업Great Company은 존경심을 토대로 세워진다. 고객,

자기 자신, 그 관계를 존중하며 무엇보다 직원들을 존경한다. 위대한 기업은 직원을 존경하고 신뢰하며 의사결정할 수 있는 자유를 부여한다. 그 결과 직원의 창조성, 지적 능력, 문제해결 능력을 향상한다. 위대한 기업은 높은 목표를 설정하고 도전한다.

위대한 기업은 결국 뛰어난 리더십의 결과물이다. 콜린스는 리더십을 다섯 단계로 나누었다. 첫 번째는 능력이 뛰어난 개인이 각자의 재능과 기술을 이용해 생산적인 활동을 하도록 하는 단계이다. 두 번째는 직원들이 목표를 달성하기 위해 효율적으로 협업을 진행하게끔 하는 단계이다. 세 번째는 목표를 이루기 위해 자원과 사람을 결집하는 역량 있는 관리자의 단계이다. 네 번째는 구성원에게 분명한 비전을 제시하고 이를 위해 노력하도록 하는 단계이다. 다섯 번째는 개인의 겸양과 의지를 이용해 성과를 지속적으로 내는 단계이다.

첫 번째 단계에서 네 번째 단계까지는 전통적인 의미에서의 리더십이다. 콜린스는 네 번째 단계까지의 리더십을 갖춘 회사는 좋은 기업으로 성장했지만 위대한 기업에 이른 회사는 반드시 다섯 번째 단계의 리더십을 갖추고 있었다고 역설했다. 다섯 번째 단계는 겸손과 의지를 가진 리더이다. 겸손한 태도(음)와 강한 작업 의지(양)를 역설적으로 융합(음과 양의 결합)하여 지속적으로 큰 성과를 이룩한다. 리더십의 마지막 단계는 굳은 의지만으로 이루어지는 것이 아니라 직업적 의지에 겸손함이 더해져야만 비로소 좋은 기업에서 위대한 기업으로 나아갈 수 있다는 것이다.

# 찰스 핸디의 인생관

10시 45분부터 12시까지는 핸디를 비롯하여 드러커경영대학원 교수 등 발표자 5명이 여러 곳에서 발표했다. 나는 핸디가 발표하는 세션에 참석했다. 핸디는 '내일 이후 그리고 내가 피터 드러커에게 진 빚 The Day After Tomorrow and my Debt to Peter Drucker'이라는 제목으로 발표했다. 핸디는 다음과 같은 질문들을 던졌다.

성공을 어떻게 정의할 것인가?

조직의 성공에 리더십은 어떤 역할을 하는가?

인생과 일에 필요한 것을 어디서 어떻게 배우는가?

개인생활이나 사업에서 변화의 촉매제는 무엇인가?

소유는 어느 정도면 충분한가?

만약 충분한 것 이상을 갖게 되었을 때 당신은 무엇을 할 것인가?

자본주의는 이타적인 제도가 될 수 있을까?

인생이란 진정 무엇인가?

핸디는 리더십에 관한 책을 100권도 더 읽었지만 별로 배운 것이 없다고 했다. 따라서 자신에게 영감을 준 사람에 대해 말하는 편이 더 낫겠다고 했다. 사랑, 신뢰, 아름다움과 마찬가지로 좋은 리더십은 모범을 따라할 수 있는 일이다. 결코 배울 수 있는 것이 아니다. 최고 리더들은 대부분 특별한 일을 하는 평범한 사람들이다. 그들은 자신들의 꿈을 실현시켰다. 그런 사람들은 '자아지식 : 자신이 진정 누구인가'를 알고 있었다.

그다음 핸디는 개인과 조직은 S곡선S curves을 따라 성장하고 쇠퇴하는 경향이 있음을 인식하는 것이 중요하다고 주장했다. 기존의 S곡선이 정상에 도달하기 전에 새로운 프로젝트를 시작하라는 것이다. 그렇게 하면 기존의 S곡선에 이미 들인 시간, 돈, 편안함을 즐길 수 있게 된다.

이 세션에서는 원하는 사람은 누구나 연단으로 올라와 핸디와 엘리자베스 여사와 담화하는 시간이 주어졌다. 첫 번째로 연단에 올라온 한 청중은 리더십에서 용기의 역할과 인생의 목적에 대해 질문했다. 핸디는 꿈을 이루려면 용기를 가져야 하고 꿈으로 용기를 보강해야 하는데 때로는 주변의 협력을 받아야 한다고 조언했다. 인생의 목적에 관해서는 아리스토텔레스가 말한 행복Eudamonia, 즉 다른 사람의 복지를 위해 자신이 가장 잘할 수 있는 것을 하는 것이라고 대답했다. 성취적 인생이라는 자기 자신의 목적을 초월하는 목적 있는 인생이라고 했다.

핸디는 "좋은 조직이란 어떤 것인가?" 하는 질문에 "좋은 조직은 사람이 다른 사람을 위해 일하는 것이 아니라 사람과 함께 일하는 조직으로 최대 500명이 넘지 않도록 규모가 작아야 한다. 위계질서를 따지지 않고 수평적이어야 하며 사회부문에 공헌하는 방법을 모색하려는 사람들의 열정을 좌절시키는 규제를 하지 않는 조직이다." 하고 대답했다.

핸디는 리더에는 두 가지 유형이 있다고 주장했다. 첫째, 직접적인 리더는 권력을 갖고 있어서 어떤 일을 실현할 수 있다. 둘째, 간접적인 리더는 분위기와 패러다임을 바꾼다. 직접적인 리더보다 간접적인 리더가 영향력이 더 오래간다. 예컨대 아인슈타인<sup>Einstein</sup>, 프로이트<sup>Freud</sup>, 피카소<sup>Picasso</sup> 등은 우리의 사고방식을 바꿔주었고 세계를 보는 눈을 바꿔주었다. 그래서 그들은 사람들이 다르게 생각하도록 도와주었다.

## 서비스업은 사람 비즈니스

2시 15분부터 3시 30분까지 진행된 두 번째 세션에서도 역시 교수 5명이 발표했다. 나는 드러커경영대학원의 조 마시아리엘로<sup>Joe Maciariello</sup> 교수와 빌 폴라드<sup>Bill Pollard</sup> 서비스마스터 회장이 텔레컨퍼런스를 하는 '인문 예술로서 경영' 세미나에 참석했다.

마시아리엘로 교수는 생전의 드러커와 공동 연구를 많이 했고 드러커 책의 개정판이나 편집판을 낼 때 협력했다. 마시아리엘로 교수는 드러커가 일찍이 쇠렌 키르케고르, 프리드리히 슈탈<sup>Friedrich Julius Stahl</sup>, 조지프 슘페터, 앨프레드 슬로언<sup>Alfred Sloan</sup>에게서 많은 것을 배웠다는 사실을 소개했다. 그는 드러커의 아이디어를 바탕으로 책을 쓰는 중이라고 말했다.

폴라드 회장은 드러커를 처음 만났을 때의 에피소드를 들려줬다. 드러커가 '당신은 어떤 사업을 하는가?'라고 묻기에 폴라드 회장은 청소용역, 잔디깎기, 해충방제, 경비용역 등 서비스마스터가 하는 사업

목록을 수십 가지 말했다. 그러자 드러커는 '모두 틀렸어요'라고 단호히 말하고는 '그런 사업을 하기 위해서는 사람이 필요한데 서비스마스터의 사업은 결국 사람을 선발하고 교육하고 개발하는 것이지요'라고 일갈했다고 한다. 폴라드 회장은 그때부터 서비스마스터의 사업은 '사람 비즈니스'가 되었다고 말했다.

## 그 어느 때보다도 지금 더 필요한 드러커

11월 8일 일요일 오전 10시부터 오후 1시까지 개리슨강당 앞에 설치한 천막. 마사토시 이토 회장을 비롯해 여러 발표자 그리고 지금까지 자리에 함께한 많은 청중이 참석한 가운데 아이라 잭슨 원장의 폐회

탄생 100주년 기념행사 폐회식에서 인사말을 하는 도리스 여사

사, 도리스 여사의 간단한 인사말, 참가한 학생 대표의 소감발표 등을 한 뒤 점심식사가 뷔페식으로 이어졌다.

잭슨 원장은 폐회사에서 다음과 같이 말했다.

"재무적으로도 정치적으로도 전 세계가 위기와 혼란에 처해 있는 오늘날, 지식사회로 불편한 이동이 계속되고 있는 오늘날, '목표를 달성하는 경영' '윤리적 리더십' '사회적 책임'에 대한 드러커의 통찰이 지금처럼 필요한 때가 없었다. 간단히 말해 우리는 '드러커가 그 어느 때보다도 지금 더Drucker, now more than ever' 필요하다."

참가자들은 큰 박수로 호응했다.

폐회식 사회자는 조직에서 효과를 발휘하고 있는 '목표를 달성하는 경영'과 '윤리적 리더십'에 관한 드러커의 원칙을 사회의 모든 분야에 적용함으로써 21세기가 드러커의 세기가 되기 바란다고 말했다. 그리고 드러커를 기리는 관현악곡 작곡을 위촉했다는 사실도 밝혔다.

나는 점심을 간단히 먹고 도리스 여사에게 인사한 후 호텔로 돌아왔다. 그리고 오후 2시 14분에는 클레어몬트역에서 LA행 기차를 탔다. 피곤했지만 1주일을 생산성 높게 보냈다.

# 2. 아무도 못 본 것을 미리 본 사람
## 탄생 100주년 기념행사(빈)

## 오스트리아 빈

2009년 11월 17일 인천공항에서 빈행 비행기를 타서 같은 날 빈에 도착했다. 나는 빈에서 가장 번잡한 케른트너슈트라세에 있는 엘리자베스 카이저린호텔에 투숙했다. 내가 좋아하는 모차르트가 11세 때인 1767년 부모와 함께 1개월가량 머물렀던 곳이다. 또 겨울철에는 관광객이 적기 때문에 값도 다소 저렴할 뿐 아니라 행사장인 오스트리아 공업협회 건물과도 가까웠다.

나는 행사 시작일보다 먼저 와서 드러커의 생가와 모차르트, 베토벤, 글루크, 슈베르트와 관련된 유적지를 둘러볼 작정이었다. 특히 드러커 탄생 100주년을 맞아 드러커의 생가 벽에 '이곳에서 현대 경영학의 아버지 드러커가 태어났다'라는 팻말이 붙어 있는지 궁금했다.

2000년 8월 카스그라벤 36번지에 있는 드러커의 생가를 처음 찾아
간 지 5년 반이 지난 2006년 1월 중순, 나는 모차르트 탄생 250주년
기념 음악회를 보고 잘츠부르크로 가기 위해 아내와 함께 빈에 들렀
다. 그때 잠시 시간을 내 드러커의 생가를 찾아가 사진을 찍었다. 드
러커가 살던 옆집 벽에는 전에 보지 못했던 팻말이 하나 붙어 있었다.

'이 집은 요제프 호프만Josef Hoffmann이 설계했다. 오스트리아의 음악
학자 에곤 벨레스Egon Wellesz가 1913년부터 38년까지 살았다.'

당시 그 팻말을 보고 드러커의 생가에도 그런 팻말이 있으면 좋겠
다는 생각을 했다. 11월 18일 아침 일찍 38번 전차를 타고 드러커의
생가를 찾았다. 생가 외벽에는 여전히 아무런 표시가 없었다. 물론 그

오스트리아 빈의 드러커 생가(건물 오른쪽)

집은 드러커의 부친이 미국으로 나올 때 처분했다. 짐작건대 그 후 주인이 몇 번 바뀌어 집주인으로서는 외벽에 그런 팻말을 붙일 이유가 없었을 것이다. 아니면 '드러커 탄생 100주년 기념행사'를 추진하는 측의 성의가 부족했는지도 모른다.

## 빈이 잃어버린 아들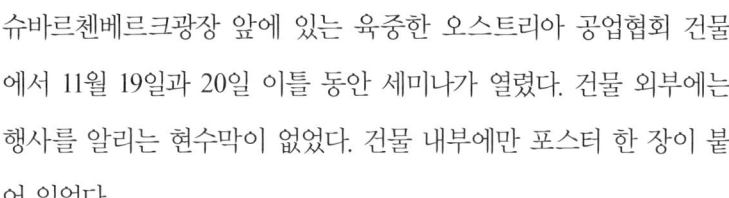

슈바르첸베르크광장 앞에 있는 육중한 오스트리아 공업협회 건물에서 11월 19일과 20일 이틀 동안 세미나가 열렸다. 건물 외부에는 행사를 알리는 현수막이 없었다. 건물 내부에만 포스터 한 장이 붙어 있었다.

유럽 사회복지정책연구센터 사무총장 베른트 마린Bernd Marin 박사는 「모두 볼 수 있을 때까지 아무도 못 본 것을 미리 본 피터 드러커」라는 글에서 드러커의 생가에는 기념 명패도 없고, 오스트리아에서 수여한 명예박사 학위도 없고, 빈에는 그의 이름을 딴 장학금이나 기념학술상은 물론 기념우표나 거리도 없다고 아쉬움을 토로했다.

"드러커는 빈 태생의 위대한 학자로서 세계적으로 명성을 날린 사람이다. 그런데도 여기 그가 태어난 빈에는 어쩌면 별로 알려지지 않았다. 오스트리아의 잃어버린 아들이 아닌가 하는 생각이 든다. 심지어 윈스턴 처칠Winston Churchill과 빌 게이츠 등이 드러커를 주요 인물로 꼽고 있는데도 불구하고 이 나라의 지식인들은 현대 경영학의 원칙

오스트리아 공업협회 건물

을 창안한 드러커를 모르고 있다."

　빈에 가본 사람들은 모두 알겠지만 빈 거리 곳곳에는 유명 인물의 이름이 붙어 있다. 유명 인사들이 잠시 묵고 간 여관에도 벽에 기념패를 붙여두고 있다.


## 지행합일

드러커는 고국에 서운해 하지도 않았고 되돌아가고 싶어 하지도 않았다. 고국에서 초청하지 않는다고 괴로워한 적은 더더욱 없었다.

　사실 오스트리아 정부는 드러커에게 관심을 보였다. 2000년 2월 오스트리아 빈경제대학은 그에게 명예박사학위를 수여하려고 했다. 하지만 드러커는 오스트리아 정부를 유럽 신나치 세력의 대표주자 외르크 하이더<sup>Jörg Haider</sup>가 이끄는 한 명예박사학위를 받지 않겠다고 선언하면서 이렇게 말했다.

"최근 오스트리아가 나의 90세 생일을 축하해준 데 대해 감사하게 생각한다. 그리고 빈경제대학의 관계자가 클레어몬트로 와서 내게 명예박사학위를 주기로 한 결정에 진심으로 감사한다. 그러나 유감스럽게도 나는 이 제의를 받아들일 수 없다."

하이더는 16세 소년 시절부터 '오스트리아의 뿌리는 독일'이라는 연설을 했다. 정치인이 된 후로는 '오스트리아인에 의한 오스트리아'를 주장하면서 극단적인 외국인 혐오를 드러내며 인종주의를 소리 높여 외쳤다. 또 홀로코스트는 허상이라는 등 끊임없이 나치와 히틀러<sup>Adolf Hitler</sup>를 찬양하는 발언을 해 많은 논란을 불러일으켰다. 따라서 아무리 명예로운 학위라 해도 나치 전체주의에서 탈출한 도덕철학자 드러커가 '현 시점에서 나의 행동을 고국 오스트리아 정부에 대한 정치적 항의로 이해해주기 바란다'고 한 것은 너무도 당연했다.

하이더는 1999년 총선에서 극우 정당 자유당을 이끌고 27퍼센트의 득표율을 기록하며 제2당으로 부상했다. 그 여세를 몰아 중도우파 정당 인민당과 연정을 구성했다. 당시 유럽연합은 오스트리아에 우파–극우파 연정이 출범하자 제재 조치를 하여 오스트리아는 한동안 국제적 고립에 직면했다.

그 후 하이더는 자유당을 탈당하여 오스트리아의 미래를 위한 동맹을 창당했고 카린티아 주지사에 당선되었다. 하이더는 2008년 10

월 11일 직접 차를 몰고 클라겐푸르트 인근에 있는 자신의 집으로 가던 중 차가 전복되어 사망했다.

드러커는 평소 지적 성실성을 강조했다. 드러커가 말년에 조국이 제의한 명예박사학위를 거부한 것은 그 자신이 생각과 말과 행동이 일치하는 삶을 살았다는 사실知行合一을 증명하는 좋은 본보기이다.

# 빈, 20세기 역사의 발원지이자 새로운 지성이 탄생한 곳

오스트리아 공업협회 건물 대회의실에서 이틀 동안 세미나가 열렸다. 주최측의 인사말에 이어 클레어몬트에서 온 97세의 드러커 미망인 도리스 여사가 다음과 같이 회고사를 했다.

"드러커 탄생 100주년을 맞아 그의 일생을 기억하고 축하하는 것도 중요합니다. 그러나 우리가 드러커의 정신 가운데 더욱 강조해야 할 것은 그가 남긴 학문적 유산을 이용하여 어떻게 21세기의 경영도전을 해결할 것인가 하는 것입니다."

이어서『마지막 통찰』의 저자 엘리자베스 하스 에더샤임Elizabeth Haas Edersheim, 미시건대학 C. K. 프라할라드 교수C. K. Prahalad, 생 갤랜대학 프레드문트 말릭 교수, 노스웨스턴대학 필립 코틀러 교수Philip Kotler, '독일의 피터 드러커'로 불리는 헤르만 지몬Herman Simmon 등 발표자 45명이 여러 세션으로 나누어 발표했다.

드러커는 말년에 자신을 '사회생태학자'라고 소개했다. 하지만 사람들은 언제부터인가 그를 '현대 경영학의 아버지'라고 불렀다. 그 근거는 무엇일까? 1969년 드러커가 『단절의 시대』를 펴내자 미디어 학자 마셜 매클루언Marshall McLuhan은 드러커와 이 책에 대해 '듣기 위해 세상에 태어난 사람'이라는 제목으로 다음과 같이 논평했다.

"드러커가 태어나 성장한 빈은 여러 세기에 걸쳐 문화적·경제적 교차로 역할을 해왔다. 빈은 전통적으로 비잔틴과 게르만, 동양과 서양이 맞부딪치는 지점이다. 빈 사람들이 예술적으로 풍부한 감성을 갖게 되는 것은 당연하다."

요컨대 빈은 드러커 같은 지식인이 나올 만한 분위기가 형성되어 있었다는 것이다. 드러커의 조상은 유대인으로 구텐베르크Johannes Gutenberg가 활판인쇄술을 발명한 지 60여 년이 지난 1517년에 인쇄업을 시작하여 1730년까지 네덜란드 암스테르담에서 대대로 가업으로 이어왔다. 드러커Drucker라는 성 자체가 네덜란드어로 인쇄업자를 의미한다. 드러커 탄생 100주년 행사기간 중 빈 왕궁 앞 콜마르크트 거리에 있는 큰 서점에서는 드러커의 저서들을 진열대에 전시하고 있었다.

드러커는 제1차 세계대전이 발발하기 5년 전인 1909년 11월 19일 오스트리아의 고위 공무원인 부친 아돌프 버트럼 드러커Adolph Bertram Drucker와 오스트리아에서 최초로 의학을 공부한 여성들 중 한 사람인 모친 캐롤라인 본디Caroline Bondi 사이에서 첫째 아들로 태어났다. 드러커의 모친은 결혼하기 전 의학도로서 프로이트의 저서들을 사모았다. 첫해 고작 351부밖에 팔리지 않은 『꿈의 해석』 초판본도 구

빈 왕궁 앞 콜마르크트 거리의 서점

입했다고 한다.

드러커가 어린 시절을 보낸 1910년대는 20세기 역사가 발원하는 때로 20세기가 어떻게 전개될 것인지를 제시하는 시대였다. 그 기간에 일어난 사건으로 20세기 내내 중대한 영향을 미친 사건으로 꼽히는 세 가지가 있다. 포드자동차의 이동식 조립생산시스템(1913), 제1차 세계대전, 공산주의혁명(1917)이다.

서양 역사에서 르네상스와 시민혁명과 산업혁명을 거치면서 19세기까지 엘리트들이 발전시켜온 고상한 가치가 20세기의 초반 10년 동안 모두 종말을 고했다. '대량생산의 시대' '전쟁의 시대' '혁명의 시대'라는 20세기의 특징은 모두 1910년대가 그 기원이다.

이 무렵 오스트리아 빈에는 두 가지 큰 현상이 일어나고 있었다. 하나는 '제국이 종말을 고하는 시대'였다. 특히 오랫동안 합스부르크 왕가의 지배하에 연속성이 유지된 오스트리아에 복합적인 변화가 들이닥쳤다. 정치적으로는 오스트리아-헝가리 이중제국이 붕괴되어 헝가리, 체코, 슬로바키아, 슬로베니아, 이탈리아 북부 등 여러 지역이 각자 독립을 했다. 당시 국제정치적 변화를 주도한 프랑스 총리 조르주 클레망소는 이를 다음과 같이 적절하게 표현했다.

"오스트리아는 어디에도 속하지 않고 남은 찌꺼기이다."

다른 하나는 '새로운 지성이 탄생하는 시대'였다. 심리학에서 지그문트 프로이트와 철학에서 루드비히 비트겐슈타인Ludwig Wittgenstein이 혁명을 일으켰다. 오스트리아 경제학파의 카를 멩거Karl Menger와 뵘바베르크Eugen von Böhm-Bawerk는 한계효용이론을 들고 나와 애덤 스미스Adam Smith의 고전 경제학에 도전했다. 「키스」로 유명한 구스타프 클림트Gustav Klimt는 1900년부터 1903년에 걸쳐 빈대학교의 벽화를 제작하였다. 그 벽화는 너무나 생생하게 표현된 탓에 비난과 찬사를 동시에 불러일으켰다. 하지만 그는 20세기 새로운 미술을 개척한 주역이다.

드러커의 생가를 설계한 호프만은 오스트리아의 기념비적인 건물을 다수 설계한 사람으로 빈 공방을 설립했으며 클림트와 함께 오스트리아의 분리파 예술운동을 주도했다. 그리고 세기말의 음악적 분위기를 가장 잘 구현한 작곡가이자 현란한 지휘 동작으로 청중의 넋을 빼앗은 구스타프 말러Gustav Mahler가 음악계에서 활동하고 있었다. 드러커의 할머니는 말러의 지휘로 피아노 독주회를 한 적도 있다.

드러커의 부친은 오스트리아 외국무역성의 고위관리로 근무하면서

1902년부터 1920년대 말까지 빈대학교에서 시간강사로 경제학을 틈틈이 가르쳤다. 그는 루트비히 폰 미제스Ludwig Edler von Mises, 조지프 슘페터, 프리드리히 하이에크Friedrich August von Hayek 등 기라성 같은 제자들을 두었다. 그들은 종종 드러커의 집에 들러 환담을 나누었다. 드러커의 부모는 자택에서 파티를 자주 열었다. 매주 월요일에는 부친의 주최로 '정치의 밤'이 열렸는데 정치가, 학자, 은행가들이 주로 모였다. 모친이 주최한 '의학과 정신분석의 밤'에는 의학과 관련된 사람들이 매주 수요일에 모여 '좋은 의사란 과연 무엇인가?'라는 주제를 놓고 항상 토론을 벌였다.

드러커는 어릴 때 어른들이 하는 이야기를 열심히 들었고 프로이트도 직접 만났다. 제1차 세계대전 무렵, 하루는 드러커 가족이 우연히 프로이트 가족과 같은 식당에서 식사를 하게 되었다. 드러커의 부친은 어린 드러커에게 프로이트와 악수하도록 재촉했다. 그러고는 귓속말로 이렇게 속삭였다.

"피터, 오늘을 꼭 기억해두어라. 지금 만난 분은 유럽에서 가장 중요한 분이시다."

프로이트는 제1차 세계대전 이후 인류 문명의 저변에 깔린 파괴 본능을 꿰뚫어보았다. 프로이트는 인간에게는 스스로도 의식하지 못하는 무의식의 내면세계가 있다는 사실을 알았다. 프로이트는 20세기 이후의 인간과 그 이전의 인간을 구분 짓는 경계선 역할을 했다.

# 프로이트는 무의식을, 드러커는 지식을 발견했다

드러커는 '자본과 노동' 대신에 '지식'이 새로운 생산요소가 되었다는 사실을 파악했다. 그는 지식사회 이전의 육체노동자와 그 이후의 지식근로자를 구분 짓는 역할을 했다.

1927년 18세의 드러커는 빈 김나지움을 졸업했다. 그리고 빈대학교에 들어가 장차 대학교수가 되라는 아버지의 기대를 저버리고 무역회사에서 견습생 노릇을 하기 위해 독일 함부르크로 갔다. 쇠락하는 작은 나라 오스트리아의 수도 빈이 싫었기 때문이다.

드러커는 함부르크에서 무역회사 사원으로 일하면서 함부르크대학교를 2년 동안 다녔다. 1929년 프랑크푸르트로 옮겨 월스트리트에 본점을 둔 투자은행의 프랑크푸르트 지점에 근무하면서 프랑크푸르트대학교로 전학했다. 그러나 뉴욕증권거래소는 이른바 '암흑의 목요일'을 맞게 된다. 프랑크푸르트의 신참 증권맨 드러커는 처음으로 비자발적 실직을 하고 만다.

그러나 전화위복으로 드러커는 투자은행 지점이 파산하자 프랑크푸르트 게네랄 안차이거의 기자가 되었다. 21~22세 때인 그는 1931년 프랑크푸르트대학교에서 국제법 및 국내법 법학박사학위를 취득했다. 이를 계기로 드러커는 함부르크대학교와 프랑크푸르트대학교 법학부에 시간강사 자리를 얻게 되었다.

그러나 나치가 정권을 잡자 드러커는 1933년 4월 런던으로 갔다. 그는 런던에서 대형 보험회사의 견습 증권분석가를 거쳐 투자금융회사에 근무하면서 주말에는 케임브리지로 가서 존 메이너드 케인스[John Maynard Keynes]의 경제학 강좌도 청강했다. 오스트리아에서는 슘페터의 경제학을 배우고 런던에서는 케인스의 경제학을 배우는 행운을 누린 것이다.

어느 날 드러커는 런던 로열아카데미에서 영국 최초로 개최한 일본화 전시회에 갔다. 드러커가 일본화뿐만 아니라 일본에 관심을 갖는 계기가 되었다.

드러커는 1937년 봄 영구히 미국으로 건너왔다. 이때 그는 '유럽은행과 신탁회사와 영국 신문사의 주미 이코노미스트 겸 경제 특파원'이라는 길지만 불안정한 명함을 갖고 왔다. 드러커는 곧 영국의 파이낸셜타임스를 비롯한 유럽의 신문사와 금융회사에 정기적으로 기사와 보고서를 송고했다. 그러나 1939년 8월 제2차 세계대전이 일어나면서 호구지책으로 하던 일도 거의 중단되었다.

또 한 차례 전화위복이랄까. 드러커는 거꾸로 유럽의 사정을 미국에 전하는 글을 워싱턴 포스트[WP]와 하퍼스[Harper's] 등 미국 신문과 잡지에 쓸 기회를 잡게 되었다. 1939년부터는 뉴욕의 사라로렌스여자대학에서 시간강사 자격으로 1주일에 하루 경제학과 통계학을 가르치게 되었다. 런던에서 쓰기 시작한 『경제인의 종말』도 1939년 봄 출간했다. 드러커의 첫 번째 본격적인 저서였다. 바야흐로 관찰하고 배우고 가르치고 쓰는 생활이 시작된 것이다.

1942년 드러커는 버몬트주 베닝턴대학의 정치학 및 철학교수로 취임하여 정치이론, 미국정치, 미국사, 경제사, 철학, 종교 등을 가르쳤다. 그해 드러커는 제2차 세계대전 종전 후 정치적·사회적 통합의 가능성을 추구하는 저작을 구상하여 『산업인의 미래』라는 제목으로 출판했다. 『산업인의 미래』는 기업조직은 경제적 조직이자 사회적 조직이라는, 즉 공동체이며 사회라는 생각을 개진한 최초의 저서였다. 1943년 늦가을 드러커의 베닝턴 집으로 전화가 걸려왔다. 드러커가 전화를 받자 상대방은 'GM의 홍보를 담당하고 있는 폴 가레트입니다'라고 자기 자신을 소개했다. 그렇게 하여 드러커는 GM에 컨설팅을 하게 되었다.

드러커는 산업사회에서 대기업이 가장 중요한 기관이 되었다는 결론을 이미 내리고 있었다. 그리고 그것이 실제로 어떻게 작동되는지 이해하고 싶어 했다. 그는 학자가 대기업의 부적절한 컨설팅 과제를 떠맡았다가 고루한 경제학계와 정치학계의 눈 밖에 날 수도 있음을 알고 있었다. 하지만 그는 연구를 열정적으로 수행했다.

드러커는 1년 반 동안 GM에서 컨설팅한 것을 바탕으로 자신의 최초의 경영학 책 『기업의 개념Concept of the Corporation』을 1946년 출간했다. 『기업의 개념』은 발간과 동시에 크게 히트하여 몇 번이나 판을 거듭 인쇄했다. 그러나 『기업의 개념』을 출판할 때 앞일에 우려를 표명한 사람들도 몇 명 있었다. 그들은 드러커에게 이렇게 충고했다.

"자네는 경제학자 또는 정치학자로 장래가 촉망되네. 그런데 기업을 다루는 책을 쓴다면 자네에게 플러스가 될 건 없지 않은가?"

걱정했던 일들이 실제로 일어났다. 아메리칸 이코노믹 리뷰는 『기업의 개념』은 가격이론과 희소자원의 배분문제에 대한 통찰이 부족하다고 비판했다.

그러나 『기업의 개념』은 평론가의 비평이 좋든 나쁘든 간에 '경영학 붐'에 불을 댕기는 역할을 했다. 이 책은 확실히 그때까지 알려지지 않았을 뿐 아니라 대학에서 가르쳐주지 않았던 하나의 주제主題, 즉 매니지먼트Management라는 학문 분야를 확립하는 데 기여했다.


# 드러커에서 드러커주의로

드러커 탄생 100주년 기념행사가 열린 두 곳에서 쏟아진 숱한 말들 가운데 공통분모 하나를 꼽으라면 '공헌'이 아닌가 한다.

"성공한 리더들의 공통적인 특성은 무엇인가?"

발표자들은 대부분 '좋은 인생은 다른 사람들의 복지를 위해 자신이 가장 잘하는 일을 하는 것이고 성취적인 인생이라는 자기 자신의 목적을 초월하는 목적을 가진 인생'이라고 했다. 즉 앞으로 지식근로자는 '개인의 성공을 넘어 좀더 나은 사회를 위해 공헌'해야 한다는 것이다.

다른 하나는 '드러커주의'를 확산하자는 것이다. 빈 행사에서 헤르만 지몬은 '피터 드러커는 자신의 역할을 무엇이라 여겼을까?'라고 먼저 질문한 뒤 드러커와 나눈 이야기를 들려주었다.

"드러커의 저술은 전통적인 학문적 경계를 넘어선 한 사상가의 증언이다. 그의 책은 제약적인 사고를 하는 우리들이 혼자서는 도저히 다다를 수 없는 올바른 통찰을 제공하고 있다."

드러커는 '경영학자'만은 아니다. 드러커는 책을 39권이나 썼다. 그 가운데 경영학 저서 14권, 소설 2권, 자서전 1권, 일본화 해설서가 1권 있다. 나머지 21권은 경제, 정치, 사회, 역사에 관련된 저술이다.

나는 드러커의 책을 22권 번역했고 드러커에 대한 글을 써왔다. 나는 드러커의 저서들을 모두 요약하여 『한 권으로 읽는 피터 드러커 명저 39권』을 펴냈다. 또 토지, 자본, 노동 대신에 지식이 주요 생산요소이고 지식근로자가 노동력의 중심이 되는 지식사회를 예고한 드러커의 인간관, 역사관, 사회사상을 정리하여 각각 『지식근로자』 『지식역사』 『지식사회』라는 제목으로 출간했다.

『지식근로자』는 21세기 지식근로자들이 생산성을 향상하는 방법과 경력문제를 다루었다. 『지식역사』는 역사 변화의 원동력은 지식이라는 관점에서 역사를 재해석한 책이다. 『지식사회』는 개인에게 지위와 역할과 책임을 부여하는 기능적인 사회를 다루었다.

베른트 마린은 이렇게 말했다.

"지금 우리는 '드러커'라는 이름은 잊어도 된다. 그렇지만 '드러커주의Druckerism'로 승화시켜야 한다."

내가 『지식근로자』 『지식역사』 『지식사회』라는 책을 펴낸 것은 '드러커주의'를 우리나라에 보급하려는 의도이다. 앞으로 우리나라의 기업계와 학계와 비영리단체는 드러커 연구의 지평을 더욱 넓혀 철학관, 역사관, 정치관, 사회관, 경제관, 인구론, 예술관, 문학관, 교육관, 비영리단체 운영방법, 개인적인 삶 등을 깊이 파고들어 '드러커를 넘어 드러커주의로from Drucker to Druckerism' 나아가야 한다.

드러커는 우리나라에 관심이 많았다. 드러커는 우리나라에 두 번 다녀갔다.

첫 번째는 1953년 한국전쟁의 휴전협정이 타결된 후 아이젠하워 대통령의 교육고문 자격으로 우리나라의 교육 실태를 조사하러 왔다.

두 번째는 1977년 세계중소기업대회에 참석하여 기조연설을 했다. 드러커는 1993년 『자본주의 이후의 사회』의 '한국인을 위한 서문'에서 다음과 같이 썼다.

"나는 한국이 이룩한 성과에 (물론 조금이지만) 한몫을 했다는 것을 자랑스럽게 생각합니다. 나는 1950년대와 1960년대 뉴욕대학의 대학원에 있을 때 매년 한국의 우수한 학생들을 클래스에서 많이 가르쳤습니다. 졸업 후 그들은 대부분 귀국해서 우수한 교육자가 되었고 뛰어난 경영자가 되었고 훌륭한 정부 관리가 되었습니다……. 사실 한국은 내가 30년 이상이나 주장했던, 즉 지식이 현대사회와 현대경제의 핵심자원이라는 것, 그리고 지식은 현대사회를 만들고 성과 있는 현대경제를 만드는 오직 유일한 자원이라는 명제의 최고 모범 국가입니다. 전쟁에 시달린 한국이 스스로를 주요 경제 강국으로 전환시킨 그 속도는 전례를 찾을 수 없는 승리입니다. 이것은 경영자의 헌신, 고된 일을 마다 않은 근로자, 기업가정신, 그리고 무엇보다도 경영의 승리입니다."

2002년 『넥스트 소사이어티』에서 드러커는 잉크Inc와 대담하면서 우리나라 사람들의 기업가정신을 높이 평가했다.

**잉크** : 미국이 기업가정신을 가장 잘 실천하는 국가라는 주장과 미국이 다른 나라들보다 훨씬 더 앞서 있다는 주장에 동의하는가?

**드러커** : 전혀 동의하지 않는다. 그것은 하나의 아주 위험한 착각이다. 미국은 신규 창업 회사들이 가장 많아서 실패하는 비율도 가장 높은 것이 사실이지만 그것뿐이다. 기업가정신을 실천한다는 측면에서 보면 두 번째도 아니다.

**잉크** : 1등은 어느 나라인가?

**드러커** : 의심할 나위 없이 한국이다. 약 40년 전만 해도 한국에는 기업이 전혀 없었다. 한국을 수십 년 동안 지배한 일본은 한국인의 기업 경영을 허용하지 않았다. 일본은 고등교육도 허용하지 않았다. 따라서 한국에는 실질적으로 고등교육을 받은 사람도 없었다. 한국전쟁이 끝날 무렵 남한은 완전히 파괴되었다. 오늘날 한국은 24개가량의 산업에서 세계 일류 수준이고 조선과 몇몇 분야에서는 세계 선두 주자이다.

그러나 드러커는 한국의 장래를 무조건 밝게만 본 것은 아니다. 지난 20세기 100년 동안에는 농업과 농부가 쇠퇴하고 제조업과 육체근로자가 등장했다. 같은 추세로 말하면 20세기 후반부터는 제조업과 육체근로자와 노동조합이 쇠퇴하고 지식작업과 지식근로자가 등장하고 있다. 따라서 한국이 21세기에도 경쟁력을 발휘하려면 제조업과 육체근로자와 노동조합의 쇠퇴에 잘 적응해야 한다는 것이다.

"한국은 지난 40년 동안 그토록 눈부시게 건설한 그 세상에서 빠져나와 새롭고도 매우 다른 질서 속으로 들어왔다. 새로운 세상은 정말 혼란스럽다. 새로운 세상은 한국인들이 여전히 당연하다고 생각하는 그 세상과는 근본적으로 다른 세계경제, 세계사회, 세계정치체제를 갖추고 있다. 한국은 세계경제에 통합되었다. 한국은 세계정보와 세계사회에 통합되었다."

요컨대 한국은 산업사회의 성공 경험에 매몰되고 개발도상국가들과의 산업경쟁에서 탈진하여 새로운 지식사회에서 필요한 경쟁 잠재력을 소진해서는 안 된다는 것이다.

# 21세기 우리는 모두 드러커리언이다

드러커는 미래를 예언한 적이 없다. 단지 이미 일어난 현실이지만 다른 사람들이 알아보지 못한 것을 간파하고 십 년 또는 몇 십 년 앞서 글로 발표했다. 이에 비해 앨빈 토플러^Alvin Toffler 등은 드러커보다 타이밍을 잘 맞추었다.

예컨대 드러커는 토플러가 정보혁명이나 정보사회를 말하기 훨씬 전인 1950년대 말과 1960년대에 이미 지식사회의 도래, 지식근로자의 등장 등 '단절 현상'을 갈파했다. 또 『경제인의 종말』에서는 나치의 종말을 예고했고 『새로운 현실』에서는 동구와 구소련의 해체를 예고했다. 드러커의 지적이 너무 앞서 갔기 때문에 정작 드러커의 통찰은 당대에는 무시되거나 아무런 영향을 미치지 못하는 경우가 많았다. 앞서 마린의 '모두 볼 수 있을 때까지는 아무도 못 본 것을 미리 본 드러커'라는 말은 그런 뜻이다.

드러커는 지식사회를 사는 우리들에게 한 가지 중요한 조언을 했다. 독일의 소설가 슈테판 츠바이크는 드러나지 않는 인간 내면의 의식을 중요시하면서 이런 말을 한 적이 있다.

"인류 역사에 결정적인 역할을 하는 것은 행동 그 자체가 아니라 그 행동에 대한 인식과 그 행동의 영향이다."

그 반면 드러커는 결과를 중시했다. 츠바이크는 세상이 살 만한 것인지 따져보는 데 고민했다. 반면 드러커는 세상이 살 만하도록 만들기 위해 노력했다. 드러커가 지식근로자의 자기 관리를 강조한 것은 그런 뜻이다.

지식사회에서는 작업현장의 작업자와 지식근로자들이 자기 자신을 스스로 관리해야만 한다. 산업사회에서는 할 일이 미리 정해져 있거나 상사가 일거리를 결정했다. 그러나 지식사회에서는 지식근로자 자신이 가장 기여할 수 있는 분야를 스스로 찾아가 자리를 잡아야 한다. 지식근로자는 자신을 개발하는 방법을 스스로 배워야 한다. 그들은 50여 년간 근로생활을 하면서 육체적으로는 젊고 정신적으로는 활기를 유지하는 법을 배워야만 한다. 그들은 자신들이 하는 것을 어떻게 언제 바꿀지를 알아야 한다.

지식근로자들의 근로생활 수명은 고용 조직의 수명보다 더 길다.

비록 지식근로자들이 노동시장에 참여하는 것을 가능한 한 뒤로 연기한다 해도 선진국의 현재 기대수명을 감안할 때 80세는 훨씬 지나고 90세까지 살 것이다. 예컨대 박사학위를 취득하기 위해 20대 후반까지도 여전히 학교에 머무른다 해도 말이다. 그리고 그들은 비록 파트타임일지라도 75세 또는 그 이상이 될 때까지도 계속 일을 해야만 할 것이다. 달리 말해 평균 근로생활을 50년쯤 할 것 같은데 지식근로자에게는 각별히 그렇게 될 것 같다.

그러나 성공적인 기업의 평균 기대수명은 30년밖에 안 된다. 특히 지금 우리가 살고 있는 대혼란의 시기에는 그 정도로 오래갈 것 같지도 않다. 영원히 존재할 것으로 기대할 수야 없지만 일반적으로 장기적으로 존속하는 것이 당연한 조직들, 예를 들면 각종 학교와 대학, 병원, 기업, 정부기관마저도 급속한 변화를 맞게 될 것이다. 비록 그런 기관들이 살아남는다 해도 조직구조는 바뀔 것이다. 또 그들이 하는 작업을 바꿀 것이고 필요로 하는 지식도 바꿀 것이다.

그리고 그들이 고용하는 사람의 종류도 바꿀 것이다. 그러므로 지식근로자들은 단 하나의 직업이 아니라 여러 직업을 가질 준비를 해야 한다.

과거 농업사회는 토지가 주요 생산요소였기 때문에 토지를 확보하기 위한 전쟁이 벌어졌고 시민혁명도 있었다. 산업사회 역시 기계파괴운동과 공산혁명 등 피를 흘리는 일이 많았다.

그러나 지식사회에서는 피를 흘리지 않는 조용한 경쟁이 진행되고 있다. 자신의 두 귀 사이에, 즉 머리에 든 지식을 응용하여 새로운 지식과 상품과 서비스를 생산하기 때문에 인간에게 고통을 안겨주지 않고 지식혁명이 진행되고 있다는 말이다. 그런 점에서 21세기를 사는 모두는 드러커리언<sup>Druckerians</sup>이 되어야 한다.

# 3. 피터 드러커의 지적 유산은 무엇인가?

## 왜 지금도 드러커인가?

2009년 드러커 탄생 100주년 기념행사의 타이틀은 '그 어느 때보다도 지금Now, more than ever'이었다. '왜 지금도 드러커인가?'라는 질문에 대한 답은 '드러커의 유산이 지금도 계속 살아 있으니까'이다.

드러커는 경영은 인간을 위한 조직활동이자 인문예술이라고 주장했다. 오늘날 전 세계의 기업과 정부와 시민사회의 많은 차세대 지도자는 드러커의 철학에 깊이 빠져 있다. 그럼 우리 모두 기억할 필요가 있는 드러커의 가르침은 무엇인가?

캘리포니아와 빈 두 곳에서 열린 드러커 탄생 100주년 기념행사가 끝난 뒤 각국의 주요 언론들은 '격변의 시대를 항해하는 우리들에게 드러커의 지혜와 유산은 어떤 도움을 줄까? 그가 살아 있다면 오늘날의 경제위기에 어떻게 조언했을까?'라는 주제로 드러커의 교훈과 유산을 나름대로 분석했다.

하버드대학이 출판하는 세계적 경영 월간지 하버드 비즈니스 리뷰는 2009년 11월호를 드러커 특집호로 꾸몄다. 하버드 비즈니스 리뷰는 드러커 탄생 100주년을 기념하여 만약 드러커가 살아 있다면 오늘날과 같은 경제적 혼란기에 '드러커는 무엇을 했을까What Would Peter Drucker Do?'라는 표지기사로 특집호를 꾸몄다.

드러커는 1950년에 시작하여 2004년까지 54년 동안 하버드 비즈니스 리뷰에 모두 38편을 기고했다. 단일 기고자로는 최고 편수이다. 또 드러커는 하버드 비즈니스 리뷰가 우수 논문에 수여하는 맥킨지상McKinsey Award을 7번 받았다. 하버드 비즈니스 스쿨의 로자베스 모스 캔터Rosabeth Moss Kanter 교수와 모스크바경영대학원의 앨런 캔트로Alan M. Kantrow 교수는 각각 드러커에 관한 논문을 기고했다. P&G의 래플리 회장과 중국 하이얼 그룹의 장 루이민 회장 등은 전략 수립 시 드러커의 아이디어를 활용한 사례를 제시했다.

잉크는 블렌차드와 콜린스가 캘리포니아에서 발표한 내용을 게재했다. 블렌차드는 '나는 내가 한 일들을 진정 처음 창안한 것으로 생각했으나 그것들은 대부분 드러커가 먼저 저술들에서 언급했다는 사실을 뒤늦게 알게 되었다'라고 술회했다. 콜린스는 '드러커는 CEO와 정부지도자와 주요 자선사업가의 귀를 갖고 있었다'라고 말했다.

LA타임스는 드러커가 반기업정서의 원인, 기업의 사회적 책임, 리더십 등에 남긴 업적을 높이 평가하는 글을 실었다. 영국의 이코노미스트는 드러커의 저술들이 지금도 유용하며 드러커는 진정한 의미의 구루Guru라고 썼다. 월스트리트저널은 드러커를 20세기의 가장 영향력 있는 경영사상가로 손꼽았다. 그리고 파이낸셜타임스는 '드러커만큼 경영의 실천에 영향을 미친 사람은 없다. 드러커는 내가 연구하려는 분야에 몇 년 혹은 몇 십 년 앞서 비슷한 내용에 대해 매우 깊이 연구했다'라는 미시건대학 프라할라드 교수의 말을 인용했다.

# 경영의 구루

드러커를 최초의 경영 구루라고 할 수는 없다. 드러커는 책에 경영의 선구자로 테일러Frederick Winslow Talyor를 거론했다. 테일러는 59세에 사망했는데 과학적 관리법scientific management의 아버지로 추앙받고 있다. 그다음은 체스터 바너드Chester Irving Barnard이다. 그는 1961년 75세로 사망하기 직전 최고경영자의 리더십에 관한 경영의 고전을 저술했다. 하지만 드러커는 이런 선구자들의 존재를 희미하게 만들었다. 그 한 가지 이유는 드러커가 95년간 살면서 지속적으로 영향력을 발휘했기 때문이다. 경영전문가들의 최근 저서들을 읽으면 드러커가 수십 년 전에 말한 원칙이나 서술을 더 구체적으로 설명한 것에 지나지 않는다.

콜린스의 2001년 베스트셀러『좋은 기업을 넘어 위대한 기업으로』를 예로 들어보자. 콜린스는 월그린, 질레트, 킴벌리-클라크 등 남다른 성과를 낸 기업들의 공통 요소를 찾기 위해 수많은 연구자를 동원했다. 그가 발견한 첫 번째 요소는 사내에서 선발된 겸손하고도 겉으로 잘 나서지 않는 지도자였다. 콜린스는 그런 지도자를 경마용 말이 아니라 밭갈이를 하는 말이라고 비유했다. 드러커는 비슷한 지적을 그보다 몇 년 앞서 했다. 단 한 사람의 조사원도 없이 말이다. 드러커가 순전히 사색하며 결론을 내렸다는 말을 하려는 것이 아니다. 드러커를 비판하는 사람들의 근거는 바로 드러커가 통계적 처리를 하지 않았다는 것이다. 하지만 드러커는 항상 관찰하여 자신만의 통계적 샘플을 가지고 있었다.

드러커는 '구루'라는 말을 사기꾼의 완곡한 표현으로 여겨 싫어했다. 하지만 탄생 100주년을 맞은 드러커는 진정한 의미의 구루라는 칭호에 적합한 소수 경영사상가의 지위를 확보했다.

# 현대 경영학의 아버지

이코노미스트는 2009년 11월 19일 장문의 글을 게재했다.

"경영계는 이론파들과 실천파들로 나뉘어 있고 두 파는 공개적으로 서로 비판하고 있다. 하지만 2009년 두 파는 합심하여 현대 경영학의 아버지 혹은 세상에서 가장 위대한 경영사상가로 불리던 고故 피터 드러커의 탄생 100주년을 기렸다."

테일러가 과학적 관리법의 아버지로 불리는 것과 같이 드러커는 현대 경영학의 아버지로 불린다. 드러커가 경영연구를 시작할 무렵인

1940년대 경영관리에 대한 관심은 미미했다. 경영대학원은 다른 전문대학원들에 비해 취약했다. 맥킨지컨설팅은 설립된 지 겨우 10년째였고 보스턴컨설팅은 아직 만들어지지도 않았다.

GM의 최고경영자들은 드러커에게 컨설팅을 맡기면서도 『기업의 개념』 같은 저술이 나오리라고는 짐작하지 못했다. 당시 GM의 한 경영자는 이렇게 말했다.

"경영서에 관심을 둘 사람은 아무도 없어."

지금 컨설팅 시장은 연간 3천 억 달러 규모이다. 경영서는 베스트셀러이고 명강사는 강의 한 번에 최고 5만 달러 이상을 번다. 하지만 엔론 사건이나 AIG에서 보듯이 경영컨설턴트들이 온갖 좋은 도구와 방법을 고안해도 여전히 사기와 허위로 밝혀지는 일도 종종 있다. 드러커는 그런 문제에 해독제 역할을 했다.

드러커는 비트겐슈타인, 케인스, 슘페터 등과 교제를 한 지식인이다. 드러커는 자신의 논지를 전개할 때 중세역사에서 영국 문학까지 동원한다. 하지만 드러커는 사회의 일상적인 문제와 기업과 사회와 경제 추세에 관심을 기울였다. 그 결과 지식근로자의 등장과 아시아의 부흥을 예견할 수 있었다.

드러커는 사회문제의 해독제 이상의 역할을 했다. 드러커는 경영의 보급자였다. 경영을 인간 발전을 위한 가장 중요한 기관으로 강조했다. 군중을 조직으로 전환하고 인간의 노력을 성과로 바꾸는 기관으로 말이다.

드러커는 과학적 관리법을 연방주의자 신문Federalist's Paper 이후 미국이 서구사회의 사유체계에 기여한 가장 지속적이고 강력한 공헌으로 인정했다. 훌륭한 경영은 기업부문뿐만 아니라 사회부문에도 중요하다는 사실을 강조했다. 대형 교회의 등장과 발전에도 기여했다.

드러커는 기업을 단순히 경제적 자원이 집적되어 있는 조직이 아니라 인간의 조직으로 취급했다. 그러나 드러커는 조직이 기업이든 자원부문이든 간에 효율적으로 되기 위해서는 분명한 목표와 성과측정이 필요하다고 강조했다.

이코노미스트 2009년 11월 19일자 일러스트레이션

# 시간의 검증을 받은 드러커의 기업경영철학

LA타임스는 2009년 12월 31일 「드러커의 혁신적인 가르침은 수십 년 전에 나왔지만 오늘날에도 여전히 신선하다」라는 제목의 글을 썼다. 요약하면 다음과 같다.

"올해는 고 피터 드러커 탄생 100주년이다. 오늘날 기업계에 그의 아이디어가 어떻게 적용되는지 재검토하지 않고 넘어가는 것은 안 될 말이다. 오늘날에도 기업의 경영자들이 드러커의 기업경영철학과 기업의 사회적 역할을 거듭해서 배우고 있다. 어떤 사람이 진정 선구자가 되려면 그의 업적은 세대에게마다 도전받아야 하고 그것을 이겨내야 한다. 그런 사람이 바로 드러커이다. 그의 가르침은 그가 95세로 사망한 지 5년이 되었는데도 여전히 놀라운 지혜를 담고 있다. 그는 1939년 처음 책을 낸 이래 일곱 세대나 지난 후에도 여전히 힘을 잃지 않고 있다."

드러커의 아이디어 중 가장 생명력 있는 것은 전통적 지혜와는 다르다. 기업계 지도자들이 드러커의 교훈을 몇 년마다 다시 배울 필요가 있는 이유이다. 또 그의 통찰이 계속해서 신선하게 보이는 이유이다.

포브스는 일찍이 그런 현상에 관심을 갖고 1997년 드러커가 87세일 때 '여전히 마음이 가장 젊은 사람'이라는 표제로 드러커를 표지 모델로 삼았다. 요컨대 드러커의 기업경영철학은 시간의 검증을 받았고 그 타당성이 증명되었다.

# 기업의 사회적 역할

드러커가 보여준 가장 뛰어난 통찰은 사회에서 기업의 역할이 무엇인가 하는 것이다. 1974년 드러커는 다음과 같이 썼다.

"기업은 사회와 그 사회의 경제가 만든 것이어서 사회나 경제는 어떤 기업이라도 하룻밤 만에 퇴출시킬 수 있다……. 기업은 사회의 관용 속에 존재할 수 있으며 사회와 경제가 기업이 필요하고도 유용하며 생산적인 일을 한다고 인정할 때만 존재할 수 있다."

이런 간단한 관찰에서 한층 더 깊은 통찰이 파생되었다. 바로 기업의 사회적 책임이다. 드러커는 이 문제의 폭과 한계를 결정함으로써 기업계와 학계에 화두를 던졌다. 드러커는 기업의 이익창출과 사회적 공헌 사이에 아무런 모순이 없음을 보여주었다. 그리고 기업의 이익은 기업이 사회적 공헌을 하기 위해 필수불가결하다는 사실도 밝혀냈다.

드러커는 한 기업이 사회에 미치는 영향과 져야 할 책임을 깊이 생각하지 못하면 사회의 여러 세력에게서 당연히 공격을 받게 된다는 것도 경고했다. 소비자보호주의와 환경보호주의는 사라져야 할 적이 아니라 기업이 수행해야 할 폭넓은 사회적 역할을 이해하지 못했음을 나타내는 증거이다.

드러커는 이 문제를 1950년대부터 혹은 그전부터 강조해왔다. 당시는 기업의 사회적 책임 문제는 공식적인 경영원칙이 되기 훨씬 전이었다. 드러커의 견해는 이익극대화가 기업의 유일하고도 궁극적인 활동 목적이라고 보는 밀턴 프리드먼Milton Friedman 같은 고전 경제학자들의 생각과는 다른 것이었다. 드러커는 이익은 기업의 한 동기요인이지만 기업이 활동하는 이유를 설명하거나 올바른 행동 지침은 아니라고 했다. 설상가상으로 기업의 목적을 이익추구라고 보는 좁은 견해는 기업의 역할에 대해 악감정, 즉 산업사회에서 가장 위험한 질병인 반기업정서를 불러일으킨다는 점을 지적했다. 기업 목적에 대한 이런 미묘한 통찰은 고전 경제학들이 놓치고 있었던 점이다.

## 이익은 비용이다

드러커는 이익을 중요시했지만 기업의 유일한 목표는 이익 최대화가 아니라고 지적했다. 드러커는 이익을 기업이 부를 창출해 사회적 목적을 달성하기 위한 필요조건으로 보았다. 이익은 기업의 능력을 측정하는 기준이다. 이익은 기업 활동을 계속하기 위한 도덕적 필수요건이자 순수한 비용이다.

따라서 경영자들은 세상에 이익이라는 것은 없다는 사실을 자기 자신에게 확신시켜야 할 뿐만 아니라 사회에 널리 알릴 필요가 있다. 기업에는 오직 비용만 있을 뿐이다. 기업을 운영하는 비용, 기업 활동을 계속하는 비용, 노무비, 원재료비, 자본비용, 오늘의 일자리를 유지하고 내일의 일자리를 창출하고 미래에 지급할 연금비용만 있을 뿐이다.

고전파 경제학자, 회계사, 증권거래소 등이 '이익'으로 간주하는 것은 실제로는 순수한 '비용'이고 사업을 지속하기 위한 존속비용cost of staying in business이다. 오늘 이익을 창출하는 사업이라 해도 내일은 아무것도 예측할 수 없기 때문에 이익은 미래에 살아남기 위한 미래비용 cost of a future이다. 따라서 자본형성과 생산성 향상은 경제가 부富의 증식능력wealth producing capacity을 유지하도록 하기 위해 필요하다. 그리고 무엇보다도 오늘의 일자리를 그대로 유지하고 내일의 일자리를 창출하기 위해 필요하다.

그런 점에서 기업이 이익을 창출하는 것과 사회적 책임을 수행하는 것 사이에는 아무런 갈등이 없다. 이익이라고 불리는 것으로만 보상할 수 있는 순수한 비용을 지출하기에 적합한 정도로 벌어들이는 것은 경제적·사회적 책임이다. 정말로 그것은 기업의 구체적인 사회적·경제적 책임이다. 순수한 자본비용을 보상하고, 내일의 위험을 부담하고, 내일의 일자리를 만들고, 사회에 부담을 안겨주는 연금수령자의 비용을 감당하기에 충분한 이익만 확보하는 기업은 기업이 아니다. 그 기업은 실패한 기업이다.

# 카리스마가 CEO의 리더십은 아니다

드러커가 학문의 출발점인 사회철학에만 연구 분야를 국한했다면 세계에서 가장 손꼽히는 경영컨설턴트라는 지위를 얻지 못했을 것이다. 드러커는 1940년대 GM을 컨설팅하기 시작한 이래 수많은 기업과 CEO들을 현장에서 가까이 관찰했다.

드러커는 사회적 목적달성에 기여해야 할 사람들의 범위에 사회의 명사인 최고경영자를 포함시켰다. 특히 최고경영자들이 보수를 지나치게 많이 받는 점을 비판했다. 1988년 드러커는 '모든 CEO는 적진을 향해 말을 타고 돌진하는 장군처럼 보이거나 이사회 회의장에 앉은 엘비스 프레슬리처럼 멋지게 보이기를 원하는 것 같다'라고 썼다.

진정한 리더십은 타고난 '리더십 자질'과는 아무런 관계가 없고 '카리스마'와는 더욱더 무관하다. 리더십이란 평범하고 낭만적이지 않으며 지겨운 것일 뿐이다. 리더십의 핵심은 외관이 아니라 리더가 보여준 성과이다.

그런 사람이 있을까? 휴렛 팩커드를 거의 파멸 직전까지 끌고 간 우아하고 멋진 칼리 피오리나Carly Fiorina의 후임으로 등장했지만 전혀 특징이 없어 보이는 마크 허드Mark Hurd가 바로 그런 사람일 것이다. 드러커가 관찰한 바로는 진정한 리더는 구성원과 구성원이 하는 일에 존경심을 보이는 팀의 리더이다.

## 임원들의 높은 보수

기업체에서 임원들이 과도하게 많이 받는 보수만큼 팀워크를 파괴하는 것도 없다. 자기 자신에게 과도하게 많은 보수를 지급하는 최고경영자라는 악당들은 한때 영웅으로 묘사되었다.

하지만 드러커는 그들이 받는 과도하게 많은 보수가 초래할 사회적 문제에 대해서도 경고했다. 1977년 5월 23일 드러커는 월스트리트저널에 '최고경영자의 보수가 지나치게 높은 것 아닌가?'라는 제목의 글을 게재했다. 요컨대 과도하게 많은 보수는 최고경영자들의 구매력을 보상하기 위한 것이 아니라 사회적 지위를 돋보이게 하려고 계획된 것이다. 그것은 경영계층의 수를 늘리게 된다. 그리고 기업에 대한 대중의 적대적 감정public's hostility to business을 유발한다.

아무에게도 이득이 되지 않으면서 사회와 경제와 경영자 모두에게 심각한 해를 끼쳐 결국 정치가 그 문제에 개입하지 않을 수 없게 한다. 따라서 일을 시키는 사람과 일하는 사람 사이의 보수 차이는 점점 줄어들어야 한다.

1996년 드러커는 이렇게 말했다.

"정리해고를 한 경영자에게 재무적 보상을 해주는 것은 도저히 용서할 수 없는 일이다. 합리성도 없다. 도덕적으로도 사회적으로도 용서될 수 없을 뿐 아니라 높은 대가를 치러야 할 것이다."

드러커는 1939년 『경제인의 종말』에서 이런 문제를 깊이 우려했다. 우파 경제학자들은 자본주의를 내부적으로 비판하면서 자본주의가 합리성이 한정되고 영웅적인 기풍을 거부하고 이기주의를 찬양하고 비경제적 만족 수단을 공급하지 못하는 사실을 끊임없이 안타까워했다.

# 사람이 핵심 자원이다

드러커는 사람이 핵심이라는 사실을 널리 퍼뜨리기 위해 평생을 보냈다. 드러커는 미국의 제대군인원호법이 지식근로자를 양산하고 지식사회를 만들 것임을 알았다. 컴퓨터는 지식근로자의 육체적 업무를 대체할 것임도 알았다. 그리하여 전통적인 계층구조가 사라질 것도 예측했다.

만능인은 없다. 능력이 넘친다는 것은 별다른 능력이 없다는 뜻이다. 따라서 기업은 지극히 평범한 사람들을 모아 비범한 일을 달성하는 조직이다. 평범한 사람들을 교육하고 협동하는 법을 가르쳐야 한다. 위성통신과 인터넷 때문에 30년 후쯤 거대한 대학은 시대에 뒤떨어진 조직이 될 것이다. 앞으로 대학은 수백 년 전 인쇄된 교과서가 처음으로 등장했을 때만큼이나 큰 변화를 겪게 될 것이다.

드러커는 지식경영이라는 용어로 이미 PC시대의 도래를 예고했다. 드러커는 마이크로소프트가 등장하기 20년 전에 '머리로 일하는 지식근로자'가 노동력의 중심이 될 것이라고 예견했다. 지식근로자에게는 새로운 조직구조와 일하는 방식이 필요하다고 내다보았다. 그들은 부하로서 일하는 것이 아니라 자원봉사자나 파트너처럼 일한다. 지식근로자는 21세기 기업의 가장 중요한 자산이고 기업의 승패를 가르는 가늠자이다.

"큰물에 사는 작은 물고기를 작은 연못에 넣으면 작은 물에서 큰 물고기가 되는 법을 배운다."

따라서 조직은 개인이 큰 역할을 하도록 분권조직을 만들어야 한다. 그래야 개인은 자신의 노력이 거둔 결과를 파악하게 된다. 또 갓 출발한 리더가 겪는 실수가 조직을 크게 흔들지 않게 된다.


## 경영은 인문 예술이다

드러커는 경영은 인문 예술이라고 선언했다. 경영은 인간의 본질, 즉 선과 악을 다룬다. 경영을 인문 예술로 간주함으로써 인간을 가장 중요한 위치에 올려놓는다.

드러커는 처음부터 경영이 하나의 학문, 즉 학습되고 교육될 수 있는 조직화된 지식체계여야 한다고 생각했다. 『기업의 개념』과 『경영의 실제』에서 시작하여 『기업가정신』에 이르는 모든 주요 저술은 그런 학문을 확립하려고 노력하였다.

경영은 오늘날 미국에서 이해되는 말처럼 과학Science이 아니며 결코 과학이 될 수 없다. 의학이 과학이 아닌 것처럼 경영은 과학이 아니다. 둘 다 실천practice이다. 실천은 대규모의 진정한 과학에서 자란다. 의학이 생물학, 화학, 물리학과 많은 다른 자연과학에서 정보를 얻듯이 경영은 경제학, 심리학, 수학, 정치이론, 역사와 철학에서 정보를 얻는다.

그러나 의학과 같이 경영 또한 그 자체의 권리로 자체의 가정, 자체의 목적, 자체의 도구, 자체의 성과 목표와 평가를 가진다. 그리고 그 자체로 하나의 별개 학문인 경영은 독일인이 정신과학Geisteswissenschaft

이라고 부르곤 하던 것이다. 한물 간 용어인 '인문 예술'이 어쩌면 가장 좋은 번역어일 것이다.

영국의 과학자이자 관료이자 소설가인 찰스 스노Charles Snow는 현대사회의 '두 문화two cultures'에 관해 강의한 적이 있다. 그러나 경영은 스노가 말한 '인문주의자humanist'의 문화도 아니고 '자연과학자scientist'의 문화도 아니다. 경영은 행동과 적용이다. 그 성공 여부는 결과로 판정한다. 바로 경영을 하나의 예술로 인식하는 이유이다. 그러나 동시에 경영은 인간에 관한 것으로 인간의 가치관 그리고 성장과 발전에 관계된다. 즉 그것은 경영학을 인문과학liberal science으로 인식하게 한다. 경영은 사회구조와 지역사회에도 관계를 맺으며 영향을 준다는 점에서도 인문과학이다.

모든 종류의 조직에서 많은 경영관리자와 오랜 세월 같이 일해온 사람들이 알게 된 바와 같이 경영이란 인간의 정신과 깊이 관련된다. 좋든 나쁘든 간에 인간의 본질에 대해서 말이다. 따라서 경영은 전통적인 의미에서 '인문 예술'이다. '인문'이라고 하는 것은 지식의 본질, 자기인식, 지혜, 리더십과 관계되기 때문이다. 또 '예술'이라고 하는 것은 실천과 적용과 관계되기 때문이다.

경영자는 인문과학과 사회과학에 관한 지식과 통찰을 지녀야 한다. 심리학과 철학, 경제학과 역사, 물질과학과 윤리 등을 말이다. 그러나 경영자는 그런 지식을 목표달성이나 결과와 결부시켜야만 한다. 예술은 결과를 보여주는 것이기 때문이다.

## 다원사회가 다가오다

드러커는 1999년 6월 1일 월스트리트저널에 다원사회에 대한 견해를 기고했다. 오늘날의 사회적 다원주의와 800년 전의 그것과는 본질적인 차이가 하나 있다. 과거의 다원주의적 조직들, 즉 무장한 기사, 자유도시, 상인길드, 세금이 면제된 주교구 등은 부와 권력에 근거를 두고 있었다. 오늘날의 자율조직들, 즉 기업, 노동조합, 대학, 병원 등은 기능에 근거하여 설립되었다.

각각의 자율조직들은 정확히 하나의 기능에 한정하여 초점을 맞춤으로써 수행능력을 발휘한다. 스탈린시대 러시아는 주권국가의 권력 독점을 회복하려는 야심찬 시도를 했지만 결국 실패하고 말았다. 그 이유는 일차적으로 필요한 자율성을 박탈당한 조직들 가운데 어느 것도 기능할 수 없었고 또 기능하지도 않았기 때문이다. 기업이나 병원은 제쳐두고라도 군대마저 움직이지 않았을 것으로 보인다.

## 드러커리언의 역할 :
### 기업이 사회에 미치는 영향의 재발견

파이낸셜타임스는 2009년 11월 24일 '드러커의 아이디어는 시간의 검증을 거치고 유효하다'라는 제목으로 특집기사를 게재했다.

"1974년『경영 : 과제, 책임, 실천』이 알렉스 콤포트의『섹스의 즐거움The Joy of Sex』의 판매량을 능가했다."

경영서적이 일반인을 상대로 하는 통속적인 서적보다 더 많이 팔릴 만큼 경영에 대한 관심이 높아진 것은 드러커의 공헌이라고 썼다. 드러커는 경영에 대해 단순히 자신이 생각하는 방법을 말하는 데 그치지 않고 일하는 방식도 말했다.

파이낸셜타임스는 또 11월 19일 빈 세미나를 주최한 리하르트 슈트라우브Richard Straub의 개회사를 인용하면서 진정한 드러커리언이 21세기에 수행해야 할 과제가 무엇인지 제시했다.

"오늘은 박물관 개관식을 하는 것이 아닙니다. 박물관은 너무도 많습니다. 오늘 이 도시에서 태어난 한 경영사상가의 탄생을 축하하는 모임을 하는 것입니다."

오늘날의 문제에 대해 많은 경영대학원이 사회적 책임을 무시하고 이기적으로 이익만 추구했다고 뭇매를 맞고 있다. 드러커는 일찍부터 오늘날 겪고 있는 최고경영자의 탐욕과 사회적 무책임을 비판했다. 드러커는 1920년대와 1930년대에 이미 경영의 실패와 무능한 정치가 초래하는 최악의 결과가 어떤 것인지 관찰했다. 조직은 인간의 사악한 측면에 대응하고 최소화하고 방향을 바꾸도록 구조를 짜야 할 필요가 있다.

드러커는 '나는 예언하지 않는다. 다만 창문 밖을 내다보며 다른 사람들이 보지 않는 것을 전할 뿐이다'라고 했다. 드러커의 관찰은 오늘날에도 여전히 유효하다. 21세기에 드러커리언이 수행해야 할 과제the Druckerian task는 기업이 사회에 미치는 영향을 재발견하는 것이다. 그렇게 하기 위해서는 드러커의 통찰과 실용성이 담긴 질문들을 해야 한다고 결론을 내렸다.

일부 사람들은 드러커의 주장이 통계적 뒷받침이 없다고 한다. 하지만 드러커는 오래 관찰한 샘플과 역사적 지식을 갖고 있었다. 잉크의 헤리엇 루빈Harriet Rubin은 드러커와 인터뷰를 끝내고 자신의 느낌을 '거장은 풍경의 진실을 파악하고 화폭에 담는 것이지 세세한 묘사는 하지 않는다. 그것은 보조자가 할 일이다. 드러커는 내면의 진실을 붓끝으로 묘사한다'라고 말했다.

사람은 선禪을 통해 어느 날 갑자기 깨달음을 얻는 경우도 있다. 드러커는 관찰을 통해 사물의 흐름을 파악했고, 글로 전달했다. 그것이 명장의 핵심 능력이다. 앞에서 말한 '달마도 하나를 10분 안에 그리기 위해 80년을 배운다'는 그런 뜻이다.

제2부

# 피터 드러커의 통찰력
# Insight

# 1. 드러커가 살아 있다면
어떻게 했을까?

## 드러커의 지혜를 활용하라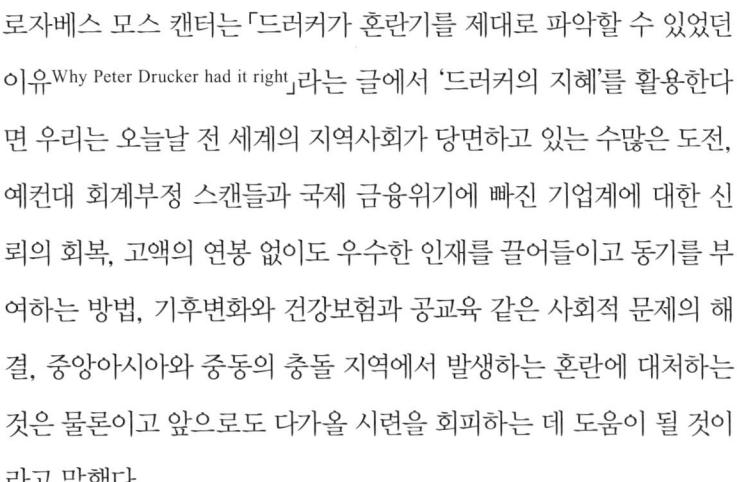

로자베스 모스 캔터는 「드러커가 혼란기를 제대로 파악할 수 있었던 이유Why Peter Drucker had it right」라는 글에서 '드러커의 지혜'를 활용한다면 우리는 오늘날 전 세계의 지역사회가 당면하고 있는 수많은 도전, 예컨대 회계부정 스캔들과 국제 금융위기에 빠진 기업계에 대한 신뢰의 회복, 고액의 연봉 없이도 우수한 인재를 끌어들이고 동기를 부여하는 방법, 기후변화와 건강보험과 공교육 같은 사회적 문제의 해결, 중앙아시아와 중동의 충돌 지역에서 발생하는 혼란에 대처하는 것은 물론이고 앞으로도 다가올 시련을 회피하는 데 도움이 될 것이라고 말했다.

오늘날 드러커가 살아 있다면 앞서 말한 긴박한 문제들에 대해 뭐라고 말할까? 아마도 그의 최초의 논평은 '이미 말했잖아 I told you so' 일 것이다. 그는 그런 말을 할 자격이 충분히 있다. 그는 놀라울 정도로 선견력 있는 글에서 중요한 추세와 다가올 재난을 미리 지적했다.

드러커는 회사의 궁극적 목적을 염두에 두고 조직을 설계하는 것이 고위 임원의 책임이라는 사실을 상기시켰을 것이다. 그다음 드러커는 기업의 리더들에게 다음의 몇 가지 곤혹스러운 질문을 던졌을 것이다.

"당신의 사명은 무엇인가? 지금 하는 일을 언제 그만둘 것인가? 장기적인 목표 달성 능력을 훼손시키고 단기적인 효율성에만 집중하는 곳은 어디인가? 사업의 목적은 무엇이어야 하며 지도 원칙은 무엇인가?"

# 드러커가 내린 조기경보

드러커는 경영자의 과업이 무엇인지 확인하는 과정에서 급변하는 세계에서 조직을 지속시키는 지도원칙으로 '경영자의 책임'을 강조했다. 다음은 '경영자의 책임'과 관련하여 예상한 중요 이슈들이다.

첫째는 '보너스 잔치 소동'이다. 드러커는 최고경영자들이 기업의 위험이 과도하게 높다는 이유로 터무니없이 보너스를 많이 받은 것이 최근의 국제금융위기에 일조했다는 사실에 놀라지 않는다.

드러커는 1980년대 중반에 이미 고위임원들이 받는 보수에 대해 일반 대중이 크게 못마땅해 할 것이라고 경고했다. 그 문제는 2008년 미국의 은행들이 줄도산하면서 미국 정부가 감당해야 할 주요 의제가 되었다. 드러커는 20년도 더 전에 최고경영자와 최말단 종업원 사이의 급료 차이가 40 대 1이 넘어가고 있다고 우려했다. 드러커가 사망하기 직전 그 비율은 무려 400 대 1이 넘었다.

드러커가 부의 축적에 반대하는 것은 전혀 아니다. 하지만 드러커는 조직의 업무와 사회와 관련해서는 실용적인 입장이었다. 드러커는 최고경영자의 역할은 조직의 일을 완수하기 위해 제대로 동기부여(즉 급료 등)를 해줘야 하는 것이라고 주장했다. 그러나 또한 급료 등은 성과와 연결되어야 한다고 강조했다. 드러커가 말한 '목표관리'의 핵심적 고려사항이다.

드러커의 권고에 귀를 기울였다면 일반적으로 말해 월스트리트, 특히 AIG와 관련된 과도하게 많은 보너스 문제를 회피할 수 있었을 것이다. 그들은 보너스를 지나치게 많이 받았을 뿐만 아니라 기업의 실적과도 관련 없이 받았다. 드러커는 지식근로자는 목적의식에 따라 동기가 부여되어야지 돈에 좌지우지되어서는 안 된다고 주장했다. 그리고 최고경영자의 성과를 주주뿐만 아니라 광범한 이해관계자들에 대한 책임도 고려하여 정의를 내렸다.

둘째는 미국 자동차회사들의 몰락을 예고하고 '창조적 파괴'를 강조했다. 드러커는 GM의 몰락 가능성을 미리 언급했다. 사실 GM은 드러커가 최초로 컨설팅한 기업이다. 그들의 분권적 경영구조는 초기 성공에 기여한 큰 요인이라는 사실을 밝혀냈다. 그러나 드러커는 사망하기 몇 년 전 GM의 최고경영자들이 과거의 성공에서 빠져나오지 못하고 드러커의 유명한 질문 '당장 그만둬야 할 일이 무엇인가<sup>what</sup> <sup>to stop doing?</sup>'라는 질문에 대답하지 못하면 GM은 위기에 처하게 될 것이라고 경고했다. GM은 자동차 모델의 수를 줄이고 딜러들을 정리하고 미국인들이 원하는 자동차를 만드는 것으로 충분할 수 없었다.

산업조건과 사회적 수요가 영원히 변했고 조직이 근본적으로 새로운 일을 해야 하기 때문에 과거의 것을 잘하는 것만으로는 의미가 없다. 독자적 브랜드를 지닌 GM의 분권구조는 자동차 산업 초기의 대량생산방식 경쟁에서 빠져나올 수 있도록 했다. 하지만 세월이 흐르면서 분권구조는 곡물창고처럼 단단해졌고 각각의 사업부는 중복적인 기능을 수행하면서 제품의 수를 늘려 GM의 총비용을 높였다.

혁신과 변화에는 큰 충격이 필요한지도 모른다. 성경에 따르면 주님께서 사울을 사도 바울로 바꾸기 위해 먼저 사울의 눈이 멀도록 했다. GM은 회생하기 위해 선택적 파산이 불가피했는지도 모른다.

셋째는 신흥시장과의 경쟁은 궁극적으로 글로벌 경제에서 미국의 우위성을 위협하게 될 것이라고 일찍이 경고했다. 드러커는 신흥경제 강국들이 정작 미국 자신은 잊어버린 미국 경영의 교훈을 채택하고 있으며, 자국의 경제를 부흥하려는 야망을 품은 국가들 사이에 미국의 경영 아이디어가 폭넓게 적극적으로 소화되고 있음을 관찰했다.

신흥경제강국의 경영자들에게 드러커가 영웅처럼 취급되는 것은 놀라운 일이 아니다. 그들은 드러커의 교훈을 계속 연구하고 있다. 드러커는 그들에게 민족주의<sup>tribalism</sup>에서 협동조합주의<sup>corporatism</sup>로 가족에 기초한 회사에서 전문경영자에 기초한 기업으로 이동하도록 권유했다. 그렇게 권유한 결과 신흥경제강국들은 국제시장에서 경쟁할 정도로 성장하게 되었고 중산층을 창출하게 되었다. 더 나아가 정치 구조도 민주화되었다.

넷째는 제3부문의 중요성을 예견했다. 드러커는 권위주의적 국가 인 오스트리아 출신으로 나중에 자발적 자원봉사를 강조하는 미국 인이 되었다. 드러커는 조직이 어떻게 하면 목적을 가장 잘 달성할 수 있는지에 대해, 즉 조직 성공의 주요 지표로 기업 자체의 목적이나 이익에만 초점을 맞출 것이 아니라 자발적인 비영리조직들로 구성된 건강한 시민사회의 육성을 강조했다. 자발적인 비영리조직들로 구성된 건강한 시민사회는 기업이 성장할 수 있고 인간이 번영할 수 있는 필수적인 기반이다. 그리고 비영리단체는 건강, 교육, 복지를 증진하는 데 핵심적인 역할을 하기 때문이다.

드러커는 기업이 화폐로 표시한 최종 보상이 얼마인가 하는 것을 넘어 존재하는 다른 여러 동기부여 방법을 비영리조직으로부터 배울 수 있다고 생각했다. 드러커는 미국 같은 국가는 위험을 감수하면서 까지도 비영리조직들에 투자하는 것을 무시해왔으며 지역사회가 책임을 지도록 하는 일에도 그랬다고 지적했다.

# 드러커의 지혜 가운데 무시된 것은?

드러커가 미래의 추세를 파악하고 긴박한 문제를 예견한 것은 마법이 아니었다. 드러커는 가설검정보다는 스토리를 발견하는 데 더욱 흥미를 가졌다. 그리하여 구체적 행동과 대응방법을 서술할 수 있었다. 드러커는 기업을 사회적 맥락에서 보았고 사회는 다양한 목적을 지닌 조직들로 구성된다는 사실을 파악했다.

요컨대 드러커는 지각변동을 알리는 최초의 지표를 재빠르게 포착하거나 질병의학에서 말하는 난자궁관통기법卵子宮管通氣法, pertubation* 같은 혁신가의 요령을 터득하고 있었다.

드러커는 그의 시대에 가장 존경받는 경영 구루였다. 물론 남들이 자신을 구루라고 하는 것을 싫어했지만 말이다. 경영자들은 그의 충고를 받아들였다. 그로써 그의 저서들은 베스트셀러가 되었다. 만약 드러커의 아이디어가 옳았다는 것이 증명되었다면 그다음 무엇이 경영자들이 시의적절하게 행동하는 것을 막아버렸는가?

일부 지도자들은 자신들이 원하는 메시지를 드러커의 이론에서 채택하고 나머지는 버렸다. 드러커적 지혜Druckerian wisdom를 조직 깊숙이 충분히 침투시키는 데 실패했다는 말이다.

한 가지 예를 들면, 기업이 사업부문의 포트폴리오를 구성하는 것을 넘어 사회적 책임을 지는 데 실패했다. 오직 몇몇 최고경영자만이 드러커의 설교를 충분히 알아듣고 실천에 옮겼다.

드러커는 경영자란 폭넓게 책임져야 하는 명예로운 직업이라고 역

---

*난관의 통과성을 보전하기 위하여 난관에 공기를 넣는 것.

설했다. 드러커는 밑바탕에 깔려 있는 시스템은 문제를 일으키는 원천이자 해결책을 찾는 원천이라고 늘 지적했다. 경영자에게 시스템에 도전하는 책임만 강조하지는 않았다.

드러커는 지식근로자의 등장을 예고했다. 지식근로자에게는 명령이나 통제를 할 수 없다. 또 지식근로자는 자신의 마음을 스스로 결정하고 표현한다. 하지만 조직에는 그들을 어떻게 하면 가장 잘 관리할 수 있는지에 대한 적절한 지도원칙이 없다.

드러커는 변화가 필연적이라고 믿었으므로 기업의 존속마저도 위험에 빠뜨리면서 중역들의 임기를 보장하는 데 열심인 기존의 대기업들에게 경고를 했다. 이는 지금까지 무시된 드러커의 교훈이다. 드러커의 교훈을 무시한 경영자들 중 최소한 몇몇은 2000년대 초 기업의 실패를 맛보았다.

# 미래의 길잡이

드러커는 산업사회의 지식인으로서 정보시대의 이동성과 급격한 변화를 헤쳐 나갈 길을 제시했다. 드러커는 사람을 조작이 필요한 기계로 보지 않고 권한을 부여해야 할 자산으로 보았다. 드러커의 성향은 시장 합리성을 맹목적으로 믿는 것이 아니라 목적을 이해하고 그것에 기초하여 목표를 수립한 뒤 '올바로 사고'하는 것이었다.

요컨대 드러커는 합리성보다는 지향성에 더 역점을 두었다. 합리성을 넘어 지향성에 더 역점을 둔다는 것은 조직을 있는 그대로 보는 것이 아니라 '우리의 사업은 무엇이며 앞으로 무엇이 되어야 하는가?'라는 지향성 질문을 던져 미래 모습을 형성하는 데 경영자의 지향적 의도를 구현해야 한다고 본 것이다.

드러커적 관점은 '사물이 변하고 있을 때 목적의식과 공통적인 가치는 사람들로 하여금 효과적으로 함께 일하도록 해준다'라는 것이었다. 20세기는 좁은 분야에 전문성을 가진 지식근로자들을 등장시켰다. 하지만 21세기는 분야와 전문성을 가로질러 통합적으로 사고하고 협력collaboration할 줄 아는 리더를 필요로 할 것이다. 조정이 아니라 협력이 21세기 경영자의 과업이 될 것이란 말이다.

드러커는 (만약 지금도 살아 있다면) 자신이 태어난 후 1세기 동안 걸어온 길을 어떻게 평가했을까? 드러커는 결과를 열정적으로 강조하는 대변자였을 뿐만 아니라 프로세스를 가르치는 교사였다. 지금도 우리는 기지既知의 사실에서 미지未知의 사실을 추정하는 외삽법外挿法을 이용하여 드러커의 이론을 연장함으로써 현재의 문제와 미래의 도전에 대해 사고하는 방법을 이끌어낼 수 있다. '드러커는 어떻게 했을까?'라는 물음에 다음과 같이 정리할 수 있을 것이다.

첫째, 드러커는 기업에 대한 신뢰를 복원하기 위해서는 최고경영자들이 우두커니 멈춰 있거나 정부로부터 과도하게 규제를 당하는 대신에 자기규제적self-regulating인 사람이 되라고 했을 것이다. 드러커는 정부나 기업에 권력이 집중되는 것을 경계해왔기 때문이다.

둘째, 드러커는 자신들이 받는 보수에 최고 한계를 정하는 용기 있는 소수의 CEO를 칭찬했을 것이다. 드러커는 보수체계를 개혁하고 그리고 일반 대중이 공평하다고 느낄 수 있는 지급조건을 만들기 위해 최고경영자들이 제휴하거나 협회에 참여하기를 촉구했을 것이다. 뒤에서 언급할 워런 버핏Warren Edward Buffett 버크셔 해서웨이그룹 회장이 좋은 예이다.

셋째, 드러커는 공개 회사의 임직원들에게 프로페셔널리즘을 강조하고 이사회가 정실주의 대신에 분명하고도 객관적인 평가도구와 방법을 도입하도록 권고했을 것이다.

넷째, 드러커는 건강과 교육을 증진하기 위해 지역사회의 여러 조직을 포함하여 전체 시스템을 검토했을 것이다. 그다음 그는 정부, 기업, 시민사회가 서로 정보를 교환하며 협조하도록 권고했을 것이다.

다섯째, 드러커는 지구온난화와 기타 환경문제에 대해 국제적으로 공조하기 위해 그리고 그런 공통의 목적을 규정하기 위해 정부 관리들에게 국가주권을 넘어 사고의 폭을 넓히도록 권유했을 것이다.

여섯째, 드러커는 국제적 분쟁지역의 긴장수준을 낮추기 위해 부유한 국가의 정부는 미래 기업을 설립할 수 있고 시민사회의 발전을 이끌어갈 능력이 있는 기업가들을 발굴해서 투자해야 한다고 강조했을 것이다.

일곱째, 드러커는 비영리조직을 활용해 희망과 번영의 토대를 건설하기 위해 자발적 행동을 유인할 수 있는 사회기업가들의 혁신을 장려했을 것이다.

# 2. 드러커의 저술들을 읽어야 하는 이유

## 드러커처럼 생각하기

드러커의 저술들을 읽어야 하는 이유는 무엇일까. 경영자는 드러커의 아이디어는 물론 그것들을 형성한 정신의 원리 둘 다에서 이득을 볼 수 있기 때문이다. 드러커의 많은 저술은 그 자체가 일차적으로 전문적 업적이다.

한편으로 드러커의 말을 탐탁지 않게 생각하는 사람들도 많다. 특히 학계의 교수들은 드러커를 학자라기보다는 저널리스트로 더 나아가 저널리스트라기보다는 '말을 만들어내는 사람'으로 치부한다.

다른 한편 몇몇 인기 대중 강연자처럼 드러커를 매우 추종하는 사람들은 드러커를 의심의 여지없이 인용한다. 그런 사람들은 드러커의 저술이나 강연에서 보고 들은 말을 맥락도 없이 발췌하여 드러커가 인정한 적도 없는 콘텐츠를 만들어 사용하기도 한다. 마찬가지로 또 다른 열렬한 드러커 추종자들 가운데는 드러커의 복잡한 이론을 지나치게 간소화하여 몇 개의 간단한 표준 용어나 슬로건으로 정리하고는 자신들의 주장으로 탈바꿈한다.

슬로건이나 새로운 용어를 만드는 것은 양날의 칼이다. 잘못 사용하면 정신을 단순화하거나 혹은 혼란스럽게 하는 데 효과적인 무기가 된다. 드러커의 저술들이 인기가 있는 것은 경구警句가 많다거나 기술적으로 뛰어난 통계 숫자가 많아서가 아니다. 드러커의 생생한 아이디어와 지혜를 접하게 되면 귀가 번쩍 뜨이기 때문이다.

우리가 개인 기업의 합법적 권위의 원천, 조직의 원리, 리더십 패턴에 대해 정규적으로 질문해보지 않았던 적이 있는가? 종업원이 지위와 기능에 보이는 관심에 대해 경영자가 대응할 필요를 느끼지 않을 때가 있는가? 지식근로자를 기존의 의사결정과 명령체계에 적응시키지 않을 방법이 있는가? 경영 계층들 사이에 그리고 경영 계층 내 커뮤니케이션을 효과적으로 하지 않을 수 있는가?

기업이 고위 임원의 채용과 개발에 대해, 이사회의 적절한 역할에 대해, 다른 여러 발전 단계에 있는 기업의 특별한 요구에 대해 진지하게 고려하지 않은 적이 있는가? 기업이 기업의 목적에 대해, 기업이 봉사하는 고객에 대해 해야 하는 근본적인 질문들을 무시한 적이 있는가?

이런 질문들이 상식이 된 것은 드러커의 통찰력 있는 아이디어가 직·간접적으로 경영 사고에 영향력을 발휘했다는 사실을 일차적으로 증명하는 것이다.


## 드러커 저술의 공헌

앞에서 말한 경영 아이디어들 중에 순수하게 드러커의 아이디어라고 할 만한 것은 별로 없다. 그런 제안들은 경영학 교과서라면 어디든 나오는 것이니까 말이다. 그렇다면 드러커 저술의 실질적 내용이 원천적인 것도 아니고 독특한 것도 아니며 잘해야 드러커의 사고방식에 기초한 내용을 다시 설명한 것이라면 굳이 드러커의 저술들을 읽어야 할 이유는 무엇인가? 요컨대 드러커의 주요 아이디어를 그렇게 많은 시간을 들여 읽을 필요가 있는가?

그에 대한 대답은 간단하다. 드러커가 경영 사고에 미친 진정한 공헌은 그의 아이디어를 현금처럼 직접 써먹는 가치보다는 아이디어를 형성한 정력적인 정신 활동에 있다. 그의 사고의 결과물인 아이디어 자체를 공부하기보다는 사고의 과정을 관찰함으로써 더 많은 것과 더 깊은 것을 배울 수 있기 때문이다.

비판자들도 대부분 드러커가 프로페셔널 매니지먼트를 하나의 학문 분야로 끌어올리는 데 실질적으로 공헌했다고 높이 평가한다.

첫째, 통합적 사고를 배울 수 있다. 드러커의 사고방식은 결정적으로 통합적 속성에 기초한다. 드러커는 경영의 필수 과제를 이해시키기 위해서 경영의 과제를 전체적인 맥락에서 접근하는 것이 필수적이라는 사실을 사례를 들어 제시한다.

우리는 경영자의 존재를 가능하게 한 전통과 다양하게 구성된 역사적 우주historical universe를 이해해야 한다. 또 경영자가 참여하는 규범과 가치로 구성된 문화적 우주cultural universe도 살펴보아야 한다. 시간이 지나면서 자본주의가 채택한 여러 제도에 대해 그리고 각각의 제도가 지닌 구체적인 강점에 대해 알아야 한다. 우리는 상호 충돌하는 여러 경제 이데올로기와 그것의 밑바탕에 존재하는 전제가 무엇인지도 알아야 한다. 우리는 인간 욕망의 주요 변화를 인식하고 인간의 적응능력에는 한계가 있다는 사실도 인식할 수 있어야 한다.

둘째, 역사에 대한 통찰을 배울 수 있다. 드러커의 사고방식은 역사를 바탕으로 미래에 대한 통찰을 이끌어낸다. 우리는 미래를 현재와 매우 다른 방향으로 이끌고 갈 기술변화와 인구통계변화의 속도와 방향과 논리를 파악해야 한다. 우리는 동시에 현재와 같은 것이 얼마나 지속될지 주의 깊게 조사해야 한다. 특히 다른 분야의 지식을 통찰하여 경영에 대한 이해를 새롭게 해야 한다. 또한 정기적으로 다른 대규모 조직과 다른 문화의 축약된 경험을 활용하여 기업 경영을 비교 분석해야 한다. 심지어 가장 곤란한 문제에 봉착했을 때도 통합적 사고는 드러커가 당면한 문제의 중심 가설이 무엇인지를 파악할 수 있도록 했고 상호관계를 설정하도록 했고 평가하도록 했다.

예컨대 2006년 이전의 서브프라임 모기지는 엄청나게 인기 있는 금융증식 수단이었다. 미국 전역의 부동산 가격이 동시에 하락한 적이 없었다는 역사적 사실과 앞으로도 그럴 것이라는 가설을 전제로 발매했다. 그러나 2007년 전례 없이 미국 전역의 부동산 가격이 동시에 하락했고 미국발 금융위기는 전 세계의 평범한 시민을 고통에 몰아넣었다. 금융공학자는 계산을 잘못한 것이 아니라 가설을 잘못 설정한 것이다.

기업이 대규모화하는 것을 반대하는 사람들은 드러커가 보기에 독점이라는 가상의 적을 공격하고 있었다. 그 반면 대규모화를 지지하는 사람들은 독점을 옹호한다는 사실을 파악했다. 오늘날 독점과 대규모화는 동일한 것이 아니라는 사실을 알아야 할 뿐 아니라 혼동해서도 안 된다.

드러커는 문제의 핵심을 더욱더 깊이 추적하여 역사적 뿌리와 논리적 기초를 찾는 능력이 있다. 드러커는 이런 식으로 표현한다.

"독점 이론은 여전히 복음과 같은 진리로 폭넓게 받아들여지고 있다. 공급은 항상 부족하며 수요는 언제나 넘쳐난다는 가설이 있다. 그것은 18세기에는 타당했다."

그런 가설이 항상 통용되는 것은 아니다. 일부는 진실이지만 역사 전체를 통틀어 진실일 수는 없다. 드러커는 독점의 전통적 의미를 알았고 과거와 현재의 경제적 조건들의 구조적 차이를 알았다. 그래서 애당초 잘못된 논의를 지적하고 초점을 달리할 수 있었다.

다른 예를 들면 드러커는 『경제인의 종말』에서 겉으로도 불합리한 파시즘이 매력을 발휘하는 이유를 파시즘의 아이디어가 갖는 역사적 맥락을 파악함으로써 이해했다. 드러커의 분석에 따르면 자율적이고 합리적인 법률에 규제되고 자유와 평등 둘 다를 달성하는 경제 체제에 대한 유럽 사람들의 신념은 이미 흔들리고 있었다. 그런데 제1차 세계대전과 대공황은 그 신념을 아예 파괴했다. '고전 경제학에 기초한 합리적 세계'라는 유산이 붕괴하자 파시즘은 정확히 '파시즘이 불합리하기 때문에' 유럽 사람들의 마음을 강하게 사로잡았다.

드러커는 그런 이해력을 바탕으로 마르크스주의를 비판하고 케인스와 관련된 유명한 논문을 발표했다. 무엇보다도 케인스는 시장의 자율성autonomy과 자동적 활동automatism을 보존하는 것을 목표로 삼았다. 하지만 자율성과 자동적 활동은 합리적인 경제체계에서는 동시에 존재할 수 없었다. 따라서 케인스의 정책은 분명 비합리적인 것을 합리적으로 행동하게 하려는 마법의 주문이자 신앙의 표현이고 마술을 부리는 기도문이다. 그 점에 대해서는 마르크스Karl Marx의 생각도 마찬가지이다. 마르크스는 산업발전 과정의 짧은 시기에 국한하는 것을 보편적으로 주어진 조건으로 취급했다.

셋째, 기술의 역할을 배울 수 있다. 드러커는 1955년부터 1969년까지 기술역사협회 회장을 지냈다. 드러커는 기술의 역사에 밝았고 기술적 함의를 파악했다. 드러커는 통합적으로 사고해 기술이 현대 기업에 부과한 특수한 문제를 조명했다.

드러커는 산업발전의 역사에 대해 폭넓은 지식을 보유하고 있었으므로 『기술, 경영 그리고 사회』에서 '20세기 기술의 본질은 총체적으로, 즉 기술의 구조, 원가, 방법, 개념적 토대가 근본적으로 변했다'라고 단언할 수 있었다.

# 전체론적 사고 프로세스

드러커의 폭넓은 비판적 시각은 그다음 전체론적 사고 프로세스holistic process of thought로 적절하게 드러났다. 전체론holism은 복잡한 체계의 전체를 단지 각 부분의 기능의 총합總合이 아니라 각 부분을 결정하는 통일체라고 보는 철학적 입장이다.

드러커는 독립된 사건이나 기계적인 인과관계에 그다지 큰 비중을 두지 않는다. 그 대신 그는 사건들 사이의 변화무쌍한 패턴과 사건들 사이의 구성을 관찰하고 그 중요한 의미를 프로세스에 기초하여 해석한다. 독립적이고 무작위로 추출된 자료가 하나의 실제fact가 되고, 독자적인 실체는 오직 그것들보다도 더 큰 전체의 한 구성 요인이 되거나 관계됨으로써 중요성을 인정받게 된다.

드러커의 전체론은 『단절의 시대』에서 가장 잘 드러난다. 이 책에서 드러커는 현대의 사회적 우주에서 일어나는 비진화적인 단절nonevolutionary discontinuity에 대해 논의했다. 신기술의 폭발적 증가, 진정으로 통합된 글로벌 경제의 등장, 경제적 자원으로서 지식이 수행하는 중심적인 역할, 수많은 비정부 기관의 등장 등.

이런 모든 것은 우리가 지금 알고 있는 세상을 급격히 바꾸고 있다. 드러커에 따르면 그것들은 '새로운 대륙을 만드는 추진물체' 같은 것이다. 대체로 은닉되어 있지만 우리가 살고 있는 세상의 기초를 바꾸는 거대한 변화추진체이다. 그렇게 주장할 수 있는 근거는 모든 분야에서 드러난다. 드러커의 '전체론적 정신 구조holistic cast of mind'를 통해 종합되고 형태가 만들어지고 중요성이 부각된다.

드러커의 경영분석 방식에서도 그 점은 마찬가지이다. 예를 들면, 마케팅을 경영의 핵심적·보편적 과제라고 본 드러커의 강력한 주장은 기업을 불가피하게 고객 창조와 고객 만족을 창출하는 프로세스로 보는 관점으로 이어지게 한다. 같은 논리로 드러커는 외삽법을 이용하여 수많은 생산원리와 조직원리에서 몇 가지 이상적인 패턴을 도출했다.

사실 드러커가 경영이라는 전문 직업에 대해 글을 쓸 때 반드시 경영을 하나의 원칙으로 인식했다. 그 원칙은 실무자들에게 그렇지 않았더라면 정보와 사건의 혼돈스러운 흐름으로 그치고 말았을 것에 대해 중요성의 순서를 깨닫게 해준다. 폭넓은 맥락, 논리, 전체론적인 접근방식을 통해 드러커식 사고전개는(이것이야말로 드러커가 경영이라는 학문분야에 미친 진정한 공헌인데) 사물을 보는 관점을 살아 움직이는 연극처럼 보이게 한다. 유용한 정보를 단순히 나누어주는 것을 넘어 훨씬 더 중요한 역할을 한다. 그리고 생각을 어떻게 전개해야 할지에 대해 사례를 제시한다.

## 공정하고도 넓은 도량

사람들은 드러커가 한 말에 이끌린다. 그 이유는 사람들이 그가 말할 때의 목소리를 신뢰하기 때문이다. 그의 목소리는 위협적이지도 않고 혼란스럽지도 않다. 심지어 가장 복잡한 주제에 대해 논의할 때도 경험과 질서정연한 사고력과 평이하고도 훌륭한 감각에 머리가 숙여진다.

『매니지먼트 : 과업, 책임, 실천』에 나오는 다음 문장을 잠시 생각해보자. 직접적인 논의 주제는 좀 오래된 것인데 '지식 전문가'는 그들을 관리하는 상급경영자들보다도 급료를 합법적으로 더 많이 받을 수도 있다는 점이다.

"그 점에 관해 이미 교훈적인 기업 선례가 있다. 1920년대 피에르 듀폰 회장과 알프레드 슬로언 사장이 혼란에 빠진 GM의 질서를 제대로 잡으려고 했을 무렵 두 사람은 사업부 책임자들의 보수를 듀폰 회장의 보수와 동일하게 책정했다.

사업부 책임자는 경력 있는 전문직 종업원과 전문가들을 데리고 있었는데 물론 그들보다도 당연히 보수를 더 받았다. 그러나 두 명 정도의 스타급 전문가들은 사업부 책임자보다도 보수를 더 많이 받았지만 그것은 특별한 일은 아니었다. 오히려 바람직한 일이었다."

이런 보수체계는 판매원에게도 적용할 수 있다. 스타급 세일즈맨이 지역의 판매책임자보다 보수를 더 많이 받는 것은 당연하다. 이런 방식은 연구소에도 적용할 수 있다. 또한 개인의 기술과 노력과 지식에 성과를 의존하는 다른 분야에도 적용할 수 있다. 최근의 사례로 투자의 달인으로 불리는 워런 버핏 버크셔 해서웨이그룹 회장 겸 CEO는 2009년 연봉을 51만 9,490달러 받았다. 이 회사 CFO 마크 햄버그 Mark Hambourg가 받은 87만 4,750달러보다 적은 것이다.

# 언어적 책략가

드러커는 독자들을 바람직하지 않은 결론으로 질질 끌고 가서 애를 먹이지 않는다. 반대로 드러커는 독자들의 손을 잡고 부드럽게 안내하며 독자들이 보기에 가장 도달하고 싶은 이치에 닿을 때까지 함께 산책한다. 다음은 드러커가 이익이라는 문제에 관해 소신을 밝힌 글이다.

"사실 기업이란 이익추구동기에서 출발한다고 말하는 이익 방정식 개념은 부적절한 것이라기보다 더 나쁜 것이다. 그것은 해를 끼친다. 그 개념은 우리 사회가 이익의 본질에 대해 오해하게 하는 하나의 주요 이유이자 산업사회의 가장 해로운 질병들 가운데 하나인 이익에 뿌리박힌 적대감의 주요 원인이다. 대체로 미국에서도 유럽에서도 기업의 본질과 기능과 목적을 제대로 이해하지 못해 기인한 공공정책이 저지른 가장 큰 실수에 책임이 있다. 그리고 대부분 그것은 '기업이 사회적 공헌을 수행할 능력이 있다는 것'과 '이익 추구 사이에는 고유한 모순이 있다'는 보편적 신념을 형성한 책임이 있다. 실질적으로 오직 수익을 높이 올릴 때만 회사는 사회적 공헌을 할 수 있다. 노골적으로 말해 도산한 기업은 일하기 좋은 기업이 될 것 같지도 않고 좋은 이웃이나 지역사회의 바람직한 구성원이 될 것 같지도 않다. 오늘날 일부 사회학자가 아무리 그 반대로 믿는다 해도 말이다."

드러커의 언어는 이유를 확신시켜서 교훈을 전달하고 생명을 불어넣는다. 그뿐만 아니라 반항 의지를 파괴하거나 반항 의지를 통해 교훈을 전달하고 생명을 불어넣기도 한다. 개인적 관심이 충분히 많거나 청중 가운데 일부가 지적 고집이 매우 센 경우 드러커는 독자나 청중을 힘으로 밀어붙이고 예리한 수사학적 화술을 동원하여 관습적 방어를 깨뜨린다. 드러커는 그런 시도를 자주 하지는 않지만 필요할 때는 그런 식으로 문제를 해결할 수 있는 적절한 언어적 책략가이다.

# 사회제도로서의 기업

드러커의 초기 저술들이나 최근 자서전을 주의 깊게 읽었다면 이탈리아의 파시즘과 독일의 국가 사회주의가 던진 교훈이 드러커의 머릿속을 떠나지 않았음을 알 것이다. 역사에 대한 그런 상처 깊은 표현은 미국에서 태어난 젊은 경영학자들은 전혀 가능하지 않은 방식으로 (1909년 오스트리아에 태어난) 드러커의 마음에 계속 남아 있다.

미국에서 태어난 젊은 경영학자들은 20세기가 제도적 실패에 따라 치른 대가, 즉 드러커가 가까이에서 체험한 파괴적 감정을 절대로 공유할 수 없을 것이다. 드러커는 오늘날 세계에서 우리가 가장 중요시하는 인간의 자유는 대체로 대규모 조직들을 얼마나 잘 보호하느냐에 달려 있다고 믿었다.

개발도상국들이 대규모 조직들을 보호하는 데 성공한다면 그런 조직들은 지금 서구인들이 누리는 것과 같은 인간적 목표성취를 앞으로도 대부분 계속해서 가능하도록 해줄 것이다. 대규모 조직들은 개인적 자유를 달성하기 위한 주요 무대를 제공하고 자기규제를 통한 책임이라는 가설을 위한 토대를 제공한다.

만약 기업이라는 제도적 기관이 경제적 성과와 사회와 개인의 누적적인 요구를 충족시킬 수 없다면 아무도 혼란과 테러를 막을 수 없을 것이다. 따라서 드러커가 경영자의 개성과 막대한 책임을 그토록 강조하는 것은 놀라운 일이 아니다.

# 드러커의 저술들 중 무엇을 읽을 것인가?

드러커의 저술을 읽을 계획인데 시간에 한계가 있다면 어떤 책을 읽을 것인가? 선택하기는 매우 힘들다. 왜냐하면 드러커는 책을 많이 썼을 뿐 아니라 여러 종류를 썼기 때문이다. 드러커의 저술들은 대체로 다섯 가지로 분류할 수 있다.

첫째, 사회사상 및 정치사상서. 둘째, 경영이라는 직업과 기업이라는 제도적 기관에 대한 분석서. 셋째, 오늘날 이미 보이는 미래the future already visible in the present의 윤곽에 대한 정보를 제공하는 형식의 사색. 넷째, 특정 사업과 관련된 업무수행을 위한 입문서. 마지막으로 문학과 예술에 관한 저술.

물론 어떤 책들은 한 가지 분류에만 속하지 않고 여러 분야를 두루 포함하는 것들도 있다.

첫째, 사회사상 및 정치사상서에 속하는 대표적인 책이『경제인의 종말』이다. 20세기 유럽에서 등장한 파시즘을 놀라울 만큼 균형감 있게 분석한 책이다. 『자본주의 이후의 사회』도 좋은 책이다.

둘째, 경영분야 또한 일련의 연속적인 저술들로 『경영의 실제』와 『매니지먼트 : 과업, 책임, 실천』 『미래의 결단』 등은 아마도 드러커가 전문적인 학문분야로서 경영 연구에 기여한 유명한 저술일 것이다. P&G의 A. G. 래플리 회장은 '회사의 목적은 고객을 창조하는 것이다. 고객을 만족시킨다는 것은 모든 회사의 사명이자 목적이다. 고객이 보스이다'라는 아이디어를 『경영의 실제』에서 배웠다고 말했다.

셋째, 미래 분야에 속하는 『단절의 시대』는 현대 세계의 토대를 이루는 것들을 근본적으로 바꾸는 것이 무엇인지를 확인하고 설명한다. 최근의 책으로는 『넥스트 소사이어티』와 『경영의 지배』를 들 수 있다.

하이얼 그룹의 장 루이민 회장은 드러커에게서 '기업에 대한 유일하고 타당한 정의는 고객을 창조하는 것이다. 과거의 기업가설은 모두 무너졌다. 그리고 현재의 것도 곧 무너진다. 우리의 기업가설은 끊임없이 변하는 환경에 적합해야 한다'라는 아이디어를 배웠다고 했다.

넷째, 실무적인 방법서들 중 『창조하는 경영자』는 경제적 성과를 향상시키기 위한 전술에 초점을 맞추었다. 『자기경영노트』와 『경영혁신과 기업가정신』은 경영자가 자기 자신은 물론이고 함께 일하는 다른 사람들을 한층 더 목표달성능력이 있는 경영자로 만드는 방법을 제시했다.

마지막으로 소설 두 권과 일본예술평론집 한 권 그리고 드러커의 저술인생 60년을 관통하는 에센셜 시리즈 『프로페셔널의 조건』 『변화

리더의 조건』『이노베이터의 조건』이 있다.

드러커의 저술들을 읽는 가장 큰 가치는 원칙에 기초한 그의 정신 활동을 지속적으로 접할 수 있다는 것이지 반복되는 아이디어의 실체를 파악하는 것이 아니다. 드러커의 저술들은 물론 아이디어가 풍부하고 면밀히 주의를 기울일 만한 가치가 있다. 하지만 18세기 위대한 인문주의자 새뮤얼 존슨Samuel Johnson 박사가 충분히 인식한 것과 같이 책과 관련하여 진정 중요한 것은 책에 나오는 각각의 꽃들을 따는 것이 아니라 '나무 둥치를 잡고 단단히 흔들면 모든 가지를 흔들 수 있다'라는 것이다. 드러커의 저술에 대해서도 정신의 원칙을 단단히 파악해야 한다.

# 3. 드러커의 후계자 :
## 거짓 예언자가 되지 마라

## 드러커주의란 무엇인가?

2009년 11월 캘리포니아와 빈에서 개최된 '드러커 탄생 100주년 기념 행사'는 '피터 드러커 이후Post Peter Drucker'를 논의하는, 즉 드러커의 유산을 어떻게 확산시킬 것인가를 모색하는 행사였다. 드러커주의를 체계화하고 드러커주의자를 육성하자는 것이다.

　드러커는 경영자가 혼란기를 항해할 때는 미래 추세가 어느 쪽으로 흐르는지 통찰력을 가져야 하며 무엇은 바꾸고 무엇은 바꾸지 않아야 할지 판단할 필요가 있다고 했다. 드러커는 평탄하게 순항하기 위한 최선의 준비는 의미 있는 목적이 무엇인지를 분명히 인식하는 것임을 일깨워주었다. 급류를 가로질러 간다거나 엄청 넓게 갈라진 틈을 건너뛰어야 할 때도 그렇지만 말이다. 드러커의 생애를 통틀어 반복되고 보강된 드러커주의의 핵심 사상은 다섯 가지 주제로 요약할 수 있다.

첫째, 경영은 하나의 전문적 직업이고 경영자는 그들의 일차적 과업이 조직의 장기적 건강을 돌보는 것임을 기억해야 한다. 기업이라는 그들만의 벽을 넘어 사회적 책임을 부담해야 하고 재무적 부뿐만 아니라 사회 복지에 공헌하는 책임을 지는 것을 의미한다. 드러커는 '개인의 성공추구와 공헌추구'를 강조했다.

둘째, 지식근로자들은 감독할 수 없고 통제를 가할 수도 없다. 지식근로자들에게는 동기를 부여해야 한다. 지식근로자들은 개인적 이익보다 한층 더 의미 있는 목적을 발견하지 않으면 안 된다. 만약 그들의 할 일이 오직 돈에 관한 것이라면 이미 혜택받은 자가 가장 큰 몫을 차지하게 되어 사회의 각종 격차는 점점 더 벌어질 것이다. 그것은 결국 자본주의 체제를 위협할 수도 있다.

셋째, 비영리조직은 좋은 사회, 즉 기업이 번창할 수 있는 자유로운 사회를 창출하는 데 필수적인 요소이다. 시민사회는 정부가 해결하지 못한 시민의 인간적 필요 사항들을 보완하는 일을 자발적으로 수행한다.

넷째, 드러커는 혁명을 꿈꾸는 사람은 아니었다. 드러커는 다만 우리가 갖고 있는 기존의 가정assumptions에 끊임없이 도전하도록 촉구했다. 드러커는 지속성과 장기적 비전을 역설했다.

마지막으로 드러커주의의 행동강령은 스스로 자신의 인생 목표를 세우고 자기 관리를 잘해서 달성하는 것이다.

# 자기 관리와 자기 책임을 실천한 드러커

오스트리아 출신 작가 츠바이크는 이런 말을 한 적이 있다.

"인류 역사에 결정적인 역할을 하는 것은 행동 자체가 아니라 그 행동에 대한 인식과 그 행동의 영향이다."

드러커는 이렇게 말했다.

"노력과 비용은 조직 내부에 있지만 결과와 산출은 조직 외부에 나타나고 존재한다."

츠바이크는 드러나지 않는 인간 내면의 의식을 중요시한 반면 드러커는 드러난 결과를 중요시했다. 츠바이크는 세상이 살 만한 것인지 따져보는 데 고민했다. 반면 드러커는 세상이 살 만하도록 만들기 위해 노력했다. 드러커가 지식근로자의 자기 관리를 강조한 것은 그런 뜻이다.

드러커는 좋은 환경에서 태어나 성공이 예정되어 있었다. 그러나 그가 그렇게 예정된 삶을 살았으면 유럽의 다른 많은 유대인 지식인들처럼 유럽에서 허무하게 죽음을 당했을지도 모른다. 드러커는 운도 따랐지만 스스로 판단하고 행동했고 자기계발을 했고 자신의 지식(혹은 자신이 가진 생산요소와 자원)을 가장 유리하게 사용할 수 있는 곳을 찾아 이동했다.

결론적으로 드러커는 '정착'이 아니라 '이동'이 특징인 지식사회의 대표적인 지식근로자의 일생을 스스로 만들어갔다. 드러커는 자기 관리와 자기 책임을 통해 자기 자신을 '관찰하기 위해 태어난 사람'으로 만들었다.

# 드러커의 후계자는 누구인가?

드러커 사후 학문적 후계자는 누구인가? 찰스 핸디는 영국의 피터 드러커로 불리고 있고 헤르만 지몬은 독일의 피터 드러커로 불리고 있다. 미국에서 개최된 드러커 탄생 100주년 행사에서는 사회자 잭슨이 콜린스를 살아 있는 드러커라고 소개했다. 그리고 최근 언론에서는 『논어와 주판』의 저자이자 일본의 기업 선구자 시부사와 에이이치澁澤榮一를 일본의 드러커로 소개한 것을 보았다. 그러나 그런 칭호의 적절성과는 관계없이 과연 드러커의 학문적 후계자는 누구이며 누가 드러커의 유산을 이어갈 것인지 논의할 수 있다.

내가 알기로 이런 논의를 문서로 처음 제기한 사람은 클레어몬트 대학원대학교 로버트 클릿가드Robert Klitgaard 전 총장이다. 그는 2006년 5월 「드러커의 유산On the Drucker Legacy」이라는 글에서 '우리들 각자는 드러커에 대해 부분적인 인상, 생생하고도 깊이 스며 있는 경험담을 갖고 있겠지만 그 누구도 드러커의 모든 것을 이해하고 다른 사람들에게 전달할 수 있다고 말할 수는 없을 것이다'라고 했다. 하지만 그런 단서 조항을 인정하면서도 '우리가 미래 세대에 전해야 할 드러커의 유산과 그의 제안을 생각해볼 필요가 있다'라고 했다. 클릿가드는 우선 드러커의 유산에 대해 다음과 같이 분석했다.

첫째, 드러커는 가치에 기반을 두고 교육했다. 가치를 중시하는 점은 드러커가 리더들에게 권고할 때 가장 중요하게 여기는 요소였다. 마음의 순수성은 다른 사람들에게 중요할 뿐만 아니라 그 자체로도 중요하다는 것이다.

둘째, 드러커는 통합자였다. 드러커는 저널리스트적 기질을 바탕으로 사건의 핵심을 파악했다. 그리고 역사가적인 능력을 발휘해 그 사건의 과거와 현재 맥락을 간파했다. 드러커는 또 예술을 좋아했다. 드러커는 강의할 때 종종 때와 장소를 건너뛰어 옛날 이야기를 들려주었지만 궁극적으로는 그것들을 꿰맞춰 자신이 들려주고 싶은 결론과 연결시켰다. 드러커는 경제학, 사회학, 정치학, 심리학 그리고 문학과 과학 서적을 즐겨 읽었다. 그 결과 드러커는 학제적 접근방법이 한 가지 특정 학문, 예컨대 경영학에 도움이 될 수 있음을 가르쳐주었다.

셋째, 드러커는 미래에 대해 깊이 생각했다. 드러커는 미래를 결정하지만 깊이 숨어 있는 단절과 틈을 발견하는 데 거의 초인적인 능력을 갖고 있었다. 다른 사람들은 무시해버린 것들 사이의 연결성을 발견했다. 그리고 드러커의 통찰은 시간이 지나면서 가치를 인정받았다.

넷째, 드러커의 가르침은 실용적이었다. 드러커경영대학원 키스 드 클뤼버Kees de Kluyver 교수는 드러커가 강의한 내용이 그 다음 날 사용되는 경우도 자주 있었다고 증언했다. 드러커는 비범한 학자 그 이상이다. 이런 비전과 통합력을 지닐 수 있는 것은 위대한 정신적 리더나 가능하다. 그런 정신적 리더는 우리가 누구이고 무엇이 되어야 하는지를 일깨워준다. 또 그런 원칙과 아이디어를 보급하는 것은 사람이 할 일 가운데 하나라는 것을 보여준다. 드러커의 가르침은 그런 식으로 일상생활에서 적용되고 있다.

# 지적 유산을 후대에 전달한다는 것의 의미

드러커가 우리에게 남긴 유산을 어떻게 후대에 물려줄 수 있는가? 우선 후대에 유산을 물려준다는 것이 무슨 뜻인지 규정해야 한다. 클릿가드는 두 가지 사례를 소개했다.

한 가지 사례는 가구회사 허만 밀러<sup>Herman Miller</sup>와 디자이너 찰스 임스<sup>Charles Eames</sup>의 관계와 같은 것이다. 밀러는 임스의 디자인을 가구로 만들어 보급했다. 밀러는 임스의 유산을 그대로 복제하여 고객에게 전달하는 것이다.

다른 한 가지 사례는 경제학에서 슘페터와 새무엘슨의 관계이다. 세계적 경제학자로서 두 사람만큼 성향이 서로 다른 경우도 드물다. 슘페터는 거시경제학자였고 역사적인 힘과 그 순환을 파악했다. 슘페터 역시 수학적 방식을 선호했으나 심취하거나 개발하지는 않았다.

새무엘슨은 노벨경제학상을 수상한 이론가로 수학적 기법을 혁신하고 경제학에 적용한 사람이다. 그럼에도 새무엘슨은 자신이 슘페터의 제자인 것을 자랑스럽게 여겼고 스승의 생각을 전달하는 역할을 했다. 그리고 슘페터 역시 자신이 새무엘슨의 스승이라는 사실을 기뻐했다. 그러나 새무엘슨은 슘페터 이론을 그대로 반복하지 않았고 주석을 달지 않았다. 슘페터의 가르침을 널리 알리지도 않았다. 그렇다면 어떻게 새무엘슨을 슘페터의 후계자라고 할 수 있는가?

# 슘페터와 새무엘슨

하버드대학 출신인 클릿가드는 2005년 클레어몬트대학교 총장으로 부임하면서 90세의 새무엘슨에게 편지를 썼는데 다음과 같은 답장을 받았다.

"나는 슘페터가 죽기 15년 전부터 배웠어요. 1950년 그가 사망하기 10일 전에도 만났고요. 내가 아마도 그와 장시간 이야기를 나눈 최후의 경제학자가 아닌가 해요. 그는 나를 좋아했고 도와주었지요. 나는 그의 창의적인 통찰력과 박식함을 좋아했습니다. 역설적이게도 슘페터의 명성은 그가 활동하던 대공황 시대보다도 그가 죽은 후 지금까지 55년 동안 더 높아진 것 같아요."

새무엘슨은 또 이렇게 말했다.

"내 경력을 되돌아보면 경제학에서 수학을 도구로 발견하고 사용하도록 자극한 사람은 슘페터였소. 이스라엘 땅에 끝내 들어가지 못한 모세처럼 슘페터는 수학에 관한 한 빌프레도 파레토[Vilfredo Pareto], 해럴드 호텔링[Harold Hotelling], 얀 틴베르헨[Jan Tinbergen], 랑나르 프리슈[Ragnar Frisch] 등이 도달한 약속의 땅에 닿지 못했지만 말이오."

새무엘슨은 슘페터가 죽은 후 스승으로서 슘페터가 남긴 유산에 헌사를 썼다.

"비록 슘페터는 고전 경제학에서 이탈했고 또 자신의 후계자나 열심당원을 만들지는 않았지만 과학적 원리에 충실한 하나의 학파를 남겼다. 그의 가르침에서 불같이 자극받은 한 세대의 경제이론가들을 양성했다."

겉으로 보기에 슘페터와 새무엘슨만큼 서로 다른 경제학자도 없을 터인데도 새무엘슨은 자신을 슘페터의 제자로 생각했다. 그리고 어느 정도는 슘페터의 유산을 다음 세대에 전달하고 있다. 슘페터와 새무엘슨의 관계는 상호관심, 지원, 통찰, 박식함으로 요약된다.

# 클릿가드와 드러커

클릿가드는 2005년 클레어몬트대학교 총장으로 부임한 후 드러커의 자택을 방문했다. 그 자리에서 클릿가드는 드러커의 친구인 새무엘슨이 '슘페터는 경제학자를 위한 경제학자였고 드러커는 폭넓은 청중을 위한 경제학자이다'라고 쓴 편지에 대해 언급했다.[*]

드러커는 오스트리아 출신 선배인 슘페터를 일찍부터 알고 있었고 새무엘슨과도 친한 사이였다. 드러커는 슘페터의 경제학이 역사에 바탕을 두고 있고 새무엘슨의 공헌은 수학에 있다는 점도 지적했다.

클릿가드와 드러커 두 사람은 드러커경영대학원 부설 드러커 아카이브[**]에 대해 이야기를 나누면서 그곳이 단순히 드러커의 과거 업적을 수집하고 보관하는 것을 넘어 드러커의 철학과 원칙과 미래를 보는 방법을 보급하는 역할을 하는 근거지로 만들어야겠다는 등의 논의를 했다. 이어서 클릿가드는 슘페터와 새무엘슨의 관계를 언급하며

---

[*]Letter of January 30, 2006, from P. A. Samuelson received by Robert Klitgaard
[**]Drucker Archive, 후에 Drucker Institute로 바뀜.

드러커에게 본질적인 질문을 했다.

"세상에 슘페터는 단 한 명뿐이다. 마찬가지로 세상에 드러커는 단 한 명뿐이다. 하지만 드러커의 유산을 슘페터와 새무엘슨의 경우처럼 넘겨받아 다음 세대로 전달할 수 있는 사람이 있는가?"

드러커는 잠시 생각에 잠기더니 경제학과 경제학파에 대해 설명했다. 그다음 겸손하게 그리고 현실적인 측면에서 드러커 자신의 업적을 설명했다. 드러커는 자신이 역사에 관심이 많았고 커다란 흐름에 주목했으며 (이론을 위한 이론보다는) 실질적 적용이라는 측면에 주의를 기울였다고 말했다.

그다음에는 머뭇거리더니 '나의 업적을 이어받아 후대에 전달할 사람이 누구일지 알 수 있을 만큼 최근 발표된 논문들을 읽지 못했다. 어쩌면 워런 베니스가 그런 사람일까? 하지만 그는 자신의 일만으로도 바쁘지'라고 말했다. 드러커는 더 언급하지 않았다. 그래서 클릿가드는 이렇게 질문했다.

"드러커경영대학원장과 내가 당신의 유산을 물려받을 사람이라고 생각되는 사람을 발견한다면 그 사람에게 그런 임무를 맡기겠는가?"

드러커는 이 질문에 긍정적으로 대답했다. 클릿가드는 『드러커의 유산』에서 다음과 같이 결론을 내렸다. 지금 드러커가 자신의 후계자를 지명하는 것은 물론 불가능하다. 따라서 드러커의 유산을 물려받을 사람을 발견하고 그것을 확대하여 미래에 전달할 수 있도록 지원하는 것은 우리가 해야 할 일이다. 그러나 드러커의 유산을 후대에 물려주는 것은 앞서 말한 임스와 밀러나 슘페터와 새무엘슨의 관계처럼 드러커의 학문적 업적에 주석을 달거나 '드러커라면 무엇을 했을까?'라는 질문을 하고 대답을 만들어내는 것에 한정해서는 안 된다.

드러커의 유산을 후대에 전한다는 것은 다음과 같은 의미가 있다. 기본적 가치를 강조하고 여러 학문을 통합하고 미래를 탐구하고 실질적으로 남다른 경영을 하는 것 등을 가르치고 연구하는 것이다. 그렇게 하려면 사람을 가장 중요하게 여겨야 하며 그 사람이 할 수 있는 일에 초점을 맞춰야 한다. 또 자신의 횃불을 들 수 있는 새로운 세대의 경영자들과 기획자들을 양성해야 한다.

## 세대마다 새로운 혁신이 필요하다

드러커는 '현대 경영학의 아버지 혹은 창시자'로 불리지만 도그마에 빠지지는 않았다. 드러커는 '나는 우상이 되어서는 안 된다'고 강력히 말했다. 그 결과 1990년 헤셀바인 등이 주축이 되어 만든 '드러커 비영리재단'은 2002년 명칭을 '리더 투 리더 협회Leader to Leader Institute'로 바꾸었다. 드러커는 1985년 『혁신과 기업가정신』에서 토머스 제퍼슨Thomas Jefferson과 괴테의 말을 인용했다. 제퍼슨은 자신의 긴 생애를 마감할 무렵 '어느 세대나 그 세대를 위한 새로운 혁명이 필요하다'고 결론을 내렸다. 같은 시대 독일의 위대한 시인 괴테도 비록 극단적인 보수주의자였지만 만년에 읊은 시에서는 토마스 제퍼슨과 같은 심정을 토로했다.

"한때는 그다지도 합리적이었던 것이 이제는 무의미해지고 은혜는

재앙의 씨앗이 될지니."

　제퍼슨과 괴테 두 사람 모두 계몽주의와 프랑스 혁명의 유산에 대해 그들 세대가 품고 있는 환멸을 이런 식으로 표현했다. 우리는 이론, 가치, 인간의 마음과 손이 만들어낸 모든 가공품은 늙고 경직되며 진부해지고 결국 '재앙의 씨앗'이 된다는 것을 알고 있다. 따라서 혁신과 기업가정신은 경제에서 필요한 것만큼 사회에서도 필요하고 기업에서 필요한 것만큼 공공 서비스기관에서도 필요하다.

　드러커가 인용한 보수주의적 인물인 괴테와 제퍼슨이 혁신을 강조한 것과 같이 요제프 올브리히Joseph Olbrich가 설계한 오스트리아의 분리파 예술회관 현관 위에는 분리파의 목표인 '한 시대에는 그 시대의 예술을, 그 예술에는 그 자유를'이라는 구호가 적혀 있다. 요컨대 드러커는 자신의 업적과 사상도 시대가 바뀌면 역시 혁신의 대상이 된다는 사실을 알고 있었던 것이다.


# 로버트 오언

드러커의 지적 후계자에 관한 논의에서 참고가 될 만한 두 사람이 있다. 그중 한 사람이 로버트 오언Robert Owen이다. 산업혁명 시대 애덤 스미스가 경제이론가였다면 오언은 경영의 실천가였다.

　오언이 경영했던 스코틀랜드의 뉴라나크 공장은 그 시대 모든 공장의 축소판이었다. 오언은 당시에는 당연시하던 아동노동, 장시간 근무, 열악한 작업환경, 부도덕과 각종 범죄 등을 보았다.

사실 아크라이트 등이 발명한 방적기계는 어린이들도 조작이 가능할 정도여서 아동노동이 생긴 것이다. 대부분 5~6세인 아이들은 에든버러나 글래스고의 고아원에서 데려왔다. 뉴라나크 마을의 노동자 2천 명 중 500명이 아이들이었다. 오언은 이것이 옳지 않다고 판단했다. 그는 아이들에게 교육을 시켰다. 물론 당시에는 법률적으로 의무교육이 없었다.

한걸음 더 나아가 오언은 모든 노동자에게 더 나은 주택, 음식, 의복을 제공하고 보건기금을 마련했다. 그는 노동자를 다루는 솜씨가 좋았기 때문에 술주정, 절도, 문란한 성생활을 중단시켰다. 오언은 이러한 조치를 16년간 꾸준히 계속하여 뉴라나크 마을을 완전히 바꾸어놓았다. 오언은 인간의 성격형성이론에 공헌했고 협동조합이나 사회주의 이론을 확립하는 데 주요한 역할을 했다. 그리고 공장을 하나의 공동체로 인식하는 일종의 협동조합주의를 주창하고 실천했다. 오언은 자본생산성의 향상에만 골몰하는 사회에 대해 최초로 반성한 사람이다.

사회주의 운동의 전신으로는 두 가지 형태가 있다. 하나는 오늘날 논의되고 있는 것과 같이 마르크스의 후예들이다. 다른 하나는 오언의 공동체주의에서 출발한 것이다. 1834년 이후 오언은 공장경영을 끝내고 자신의 사상을 전도하는 사회개혁가로 변신했다. 오언은 자신의 과거 성공경험에 비추어 사회와 인간이 설득으로 변화될 수 있다고 확신했다.

오언은 1858년 88세의 나이로 생을 마감했다. 그가 죽기 몇 년 전 랠프 월도 에머슨이 그에게 다음과 같이 물었다.

"당신의 후계자는 누구입니까? 얼마나 많은 사람이 당신의 사상을 가지고 있습니까? 당신이 죽은 뒤 이제 누가 당신의 사상을 실천에 옮길 겁니까?"

오언이 대답했다.

"아무도 없소."

나는 2003년경 드러커에게 그의 경영사상의 후계자는 누구인지 물은 적이 있다. 이에 대해 드러커는 짧게 '노'라고 대답했다. 드러커는 무덤도 만들지 않았다. 누군가 찾아오려는 사람에게 부담을 주지 않으려는 생각이었는지도 모른다.

비약하면 드러커는 자신의 생각과 이론과 주장도 결국 혁신 대상이 되어야 한다고 본 것이다. 마치 자신이 테일러를 재평가하고 초월했듯이 경영학 분야에도 학문적 기업가정신을 가진 사람이 나타나 새로운 현실에 적합한 새로운 생각과 이론과 주장을 해야 한다는 것을 암시한 것이라고 추정해본다.

# 게오르크 지멜

지적 후계자에 대한 드러커의 관점은 오언이 죽은 해에 태어난 독일의 사회학자 게오르크 지멜Georg Simmel의 것과 유사하다. 지멜은 확실한 제자를 두지도 않았고 학파를 구성하지도 않았다. 지멜의 아웃사이더 의식은 세상을 뜨기 얼마 전에 남긴 일기에 잘 나타나 있다.

"나는 내가 지적인 상속자 없이 죽을 것이라는 점과 또 그래야만 한다는 것을 안다. 말하자면 나의 유산은 많은 상속자에게 현금으로 배분될 것이다. 그들은 각자의 몫을 자신의 성격에 맞게 바꾸어 사용하게 될 것이다."

전직 군 장성으로 1975년부터 드러커경영대학원 박사학위 과정에 다닌 윌리엄 코헨William Cohen 역시 유사한 경험을 자신의 저서 『드러커와 함께한 수업A Class with Drucker』에 소개했다. 대학원 시절 코헨은 신입생들과 만나는 자리에서 농담조로 자기 자신을 이렇게 소개했다.

"반갑습니다. 저는 빌 드러커입니다. 피터 드러커의 아들이지요."

그때 드러커는 옆자리에서 다른 학생들과 이야기를 하던 중이었다. 드러커는 다른 학생과 대화를 끝내고 천천히 고개를 돌려 코헨에게 말했다.

"빌, 자네가 내 아들일는지는 모르지만 나는 자네 아버지가 아니라네."

코헨은 드러커와 부자父子 같은 관계를 맺고 싶어서 그런 식으로 말했다고 설명했다. 하지만 드러커는 이렇게 마무리했다.

"자신이 들은 정보를 비밀에 부칠 줄 모르는 사람에게 당신의 미래 의도를 터놓는 것은 부주의한 일이지. 그건 자네 잘못이니 문제가 생기면 책임도 자네가 져야 하네. 우리가 뱉은 말뿐 아니라 우리가 했거나 하지 않은 조치와 결정도 모두 책임져야 하는 거야."

성공회 신자였던 드러커는 '너희에게 예언하는 거짓 선지자들을 믿지 마라. 그들이 말하는 묵시는 자기 마음으로 말미암은 것이요, 여호와의 입에서 나온 것이 아니니라'라는 예레미아(3장 16절)의 말처럼 자신이 거짓 선지자가 되어서는 안 된다는 것을 알고 있었다.

# 인간 드러커를 넘어 드러커주의로

20세기 후반에 드러커만큼 큰 영향력을 발휘한 사람은 별로 많지 않다. '목표를 달성하는 경영자' 또는 '목표를 달성하는 지식근로자'라고 해도 드러커가 주장한 무엇을, 어떻게, 왜 해야 하는지에 대해 그대로 확실히 이해하는 사람은 드물 것이다. 1993년 『자본주의 이후의 사회』를 출판한 직후 한 기자가 드러커에게 질문했다.

"일반 사람들이 선생의 책 내용을 이해하고 있다고 생각하시는지요? 그리고 선생의 책이 사람들에게 어떤 영향을 미쳤다고 생각하십니까?"

이에 대해 드러커는 다음과 같이 대답했다.

"나는 미국의 경영자들뿐 아니라 세계의 모든 경영자가 내가 처음부터 지금까지 해온 주장을 계속해서 절실하게 따라주기를 기대하고 있습니다. 경영이란 지위와 특권을 휘두르는 것이 아니라 그 이상이라는 것을, 경영이란 협상하는 것보다 훨씬 더 큰 활동이라는 것을, 경영이란 사람에 관한 것이고 인생에 영향을 미치는 것이라는 사실을 말입니다."

그리고 드러커는 자신이 '사람들이 목적을 달성할 수 있도록 도와 준 사람으로 기억되기 바란다'라고 했다. 이는 드러커가 철도에서 인 터넷까지, 즉 산업사회에서 지식사회의 초기에 이르기까지에는 자신 의 이론과 통찰이 적합하겠지만 그 후에는 새로운 통찰이 필요하다 고 스스로 말하는 것이 아닐까? 따라서 드러커는 자신이 아이콘이 되거나 자신의 주장이 도그마로 취급되는 것을 거부했다. 또 특정인 이나 특정기관을 자신의 후계자로 지명하지 않았다.

테일러는 언젠가 '당신이 독자적으로 과학적 관리법을 발명했습니 까?'라는 질문을 받았다. 그는 이렇게 대답했다.

"아무도 자기 혼자서 '과학적 관리법'을 만들었다고 주장할 수 있 는 사람은 없다. 아마도 그것은 100명도 더 되는 사람들이 현장에서 실험하고, 응용하고, 적용하고, 노력해서 만든 것이다. 따라서 우리 는 모두 겨우 일부분씩만 기여했을 뿐이고, 각자 조금씩 개선했다 고 해야 옳다."

결론적으로 나는 인간 드러커를 넘어 드러커주의를 따르는 모든 사람이 드러커의 후계자라고 생각한다. 많은 사람이 다른 사람들이 목적을 달성할 수 있도록 도와주고 개인의 성공을 넘어 사회가 좀더 기능적으로 되도록 공헌하게 하는 것이 드러커의 진정한 의도였다. 따라서 '드러커의 후계자는 누구인가?'라는 질문에 대한 결론은 인 간 드러커를 넘어 드러커주의를 따르는 모든 사람이 드러커의 후계 자라고 생각한다.

# 제3부

# 피터 드러커의 선견력
# Foresight

# 1. 선견력의 원천은 무엇인가?

## 관찰하기 위해 태어난 사람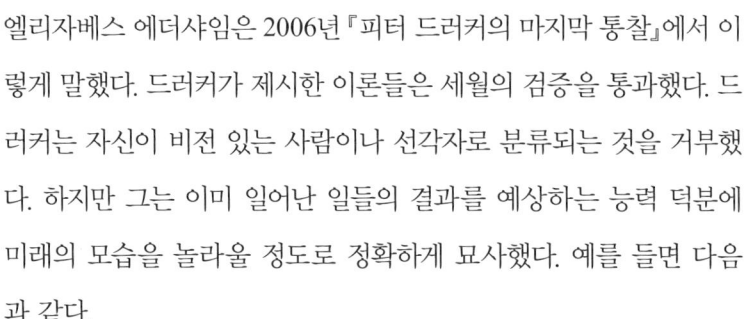

엘리자베스 에더샤임은 2006년 『피터 드러커의 마지막 통찰』에서 이렇게 말했다. 드러커가 제시한 이론들은 세월의 검증을 통과했다. 드러커는 자신이 비전 있는 사람이나 선각자로 분류되는 것을 거부했다. 하지만 그는 이미 일어난 일들의 결과를 예상하는 능력 덕분에 미래의 모습을 놀라울 정도로 정확하게 묘사했다. 예를 들면 다음과 같다.

드러커는 1927년 중유럽 경제사회 주간지 편집회의에 참석했을 때 '가장 두려워하는 것이 무엇인가'라는 질문을 받고 이렇게 답변했다.

"히틀러가 권력을 잡을까봐 두렵다."

그 말을 들은 사람들은 당시 히틀러가 선거에서 철저히 참패하여 의기소침해 있을 때였기 때문에 코웃음 쳤다.*

1942년 드러커는 가장 중요한 공동체는 국가, 주州, 또는 지리적으로 실체가 규정되는 단위들이 아니라 (목적을 지닌 인위적인) 조직들이 그 자리를 차지하게 되었고 시장의 이해관계자들이 국가의 이해관계자들만큼이나 결정적인 존재가 되었다고 서술했다.** 드러커는 1947년 '경영이 곧 리더십이다'라고 썼다. 지난 15년 동안 경영학 관련 분야에서 리더십보다 더 큰 관심을 끈 주제는 없었다. 헤셀바인은 리더 투 리더 협회의 이사회 의장 역할을 수행하면서 이렇게 말했다.

"나는 연설을 할 때마다 항상 드러커의 명언을 인용해요. 그것은 어쩔 수 없이 내 연설에서 가장 중요한 내용이 되곤 했어요. 내가 연설을 마치고 나면 사람들이 기억하는 것은 연설자인 내가 아니라 드러커의 명언이었어요."

1954년 드러커는 출판사 사장에게 '경영을 하려면 전략이 필요합니다'라고 말했다. 이에 그 출판사 사장은 '전략'은 전쟁 용어이지 경영 용어가 아니므로 그런 말을 쓰면 독자들은 반발할 것이라고 대꾸했다.***

드러커는 1985년 시티그룹 회장 월터 리스턴Walter Wriston에게 베를린 장벽이 무너질 것이라고 말했다. 리스턴은 그 말을 드러커가 아니라

---

*히틀러가 1925년과 1927년 두 권으로 출간한 『나의 투쟁Mein Kampf』은 선동 서적으로 초국수주의자, 반유대주의자, 반민주주의자, 반마르크스주의자, 군부 등 독일 내 불만세력을 사로잡았다. 이를 독파한 드러커는 나치의 본질적 위험성을 간파했다고 한다.

**오늘날 시장의 이해관계자들의 규모는 국가의 이해관계자들보다 훨씬 더 커졌다. 세계의 100대 경제적 기관들을 GDP와 매출을 기준으로 측정하면, 국가가 44개이고 기업이 56개이다.

***1975년까지는 전략에 관한 주제가 최고경영자들이 발표한 논문과 저술 대부분을 차지했다.

다른 사람이 했다면 그냥 무시했을 것이라고 증언했다.[*]

드러커는 1986년 한 좌담회에서 구소련이 붕괴할 것이라고 말했다. 헨리 키신저Henry Kissinger는 '이번에는 드러커 교수가 틀렸어요'라고 응대했다. 1991년 고르바초프Mikhail Gorbachëv가 구소련의 해체를 선언하는 연설을 하자 드러커는 한 번 더 선견력 있는 경고를 했다.

"이제 우리는 러시아의 자원과 경제에 관심을 기울여야 할 거야."

1990년 기업들은 대부분 베를린 장벽의 붕괴가 무엇을 뜻하는지 몰라서 혼란을 겪고 있었다. 이때 드러커는 초국적 세계에서도 기업이 생존하기 위해서는 기업들이 중심이 된 지역사회가 결정적으로 중요할 것이라고 썼다.

드러커는 1992년 이렇게 썼다.

'서구 역사' 또는 '서구 문명'이라는 것은 더는 없다. 오직 세계역사와 세계문명뿐이다.[**]

드러커는 1999년 인터넷 붐에 대해 다음과 같이 말했다.

"(인터넷을 이용한) 정보 접근이 중요한 것은 아니다. 중요한 것은 조직, 기업, 모든 부문이 그 결과 어떻게 변할 것인가 하는 것이다."

드러커는 자신을 괴테의 『파우스트』에 나오는 린체우스와 동일시했다. 『파우스트』의 마지막 장에서 악마 메피스토펠레스와 계약한 파우스트는 금지된 말을 중얼거린다.

"멈춰라! 시간은 정말 아름다워."

---

[*]1989년 베를린 장벽이 무너지자 드러커는 웃으면서 이렇게 말했다. "그렇게 빨리 무너질 줄은 나도 몰랐지."
[**]1993년 『자본주의 이후의 사회』에 발표된 내용이다.

파우스트가 정상에 도달하기 직전 전망탑 꼭대기에서 망을 보던 린체우스는 큰소리로 자기 자신을 소개한다.

"보기 위해 태어났다는 것은 바깥을 내다보기만 하도록 운명 지워졌다는 뜻이야."

그리고 린체우스는 저 멀리서 무슨 일이 일어나는지와 여기에는 무엇이 닥쳐오는지 알려주기 시작했다. 드러커는 자기 자신이 관찰자observer이지 참가자participant가 아니며 직접 참여하지 않기 때문에 한층 더 예리하게 관찰할 수 있었다고 했다. 세계가 당면한 것이 무엇인지, 무엇이 희미하게 나타나는지 관찰하고 보고하는 일을 했다.

『성공하는 기업들의 8가지 습관Built to Last』의 저자 콜린스는 드러커의 선견력에 대해 다음과 같이 썼다.

"드러커의 수많은 논문과 심원한 통찰력은 1930년대 전체주의의 기원에 관한 선견력 있는 논문에서 시작한다. 그는 현대세계가 어떻게 작동하는지에 대해 가장 의미심장하고도 일관성 있는 관점을 제공하는 기고가들 가운데 하나이다. 사회 전반에 걸쳐 스며든 '목표를 달성하는 경영effective management'은 자유세계를 지탱해주고 독재자와 전체주의가 다시 등장하지 못하게 하는 단 하나의 대안인데 '목표를 달성하는 경영'의 확산이라는 점에서 드러커를 능가할 사람은 없다."

# 독서와 관찰과 토론

드러커는 20세기 상반기부터 21세기 초까지 활동하며 다양한 분야에 걸쳐 다른 누구보다도 더 통찰력이 깊은 글을 많이 발표했다.

드러커의 저술 범위는 역사, 철학, 정치, 경제, 경영, 예술, 종교, 비영리단체에 이르기까지 폭넓었다. 드러커가 펴낸 단행본 39권 중 1933년『프리드리히 율리우스 슈탈 : 보수주의적 국가이론과 역사발전』, 1939년『경제인의 종말 : 전체주의의 기원』, 1942년『산업인의 미래』, 1954년『경영의 실제』, 1955년『미국의 다음 20년』, 1957년『내일의 이정표 : 새로운 포스트모던 세계에 대한 보고서』, 1968년『단절의 시대』, 1976년『보이지 않는 혁명 – 어떻게 연금기금 혁명이 미국에서 일어났는가?』, 1981년『새로운 경제학에 대해』, 1985년『혁신과 기업가정신』, 1989년『새로운 현실』, 1992년『미래기업 : 1990년대와 그 이후』, 1993년『자본주의 이후의 사회』, 1997년『아시아에 대한 전망 : 피터 드러커와 이사오 나카우치의 대화』, 1999년『21세기 지식경영』, 2002년『넥스트 소사이어티』등 대략 15권은 미래에 대한 통찰을 담고 있다.

이런 책들은 세월이 많이 흐른 뒤에도 강한 생명력을 잃지 않아 몇몇 저서를 제외하면 거듭 재판을 찍었고 많은 독자들에게서 호응을 받았다.

그러나 드러커 본인은 한때 자신이 미래학자로 분류된 것을 달갑지 않게 생각했다. 그는 미래를 예언한 적이 없다. 단지 과거와 현재에 관해 다룬 자료를 분석하고 이미 일어난 미래가 무엇인지 제시한다고 말했다. 드러커는 포브스와 나눈 대화에서 다음과 같이 말했다.

"나는 절대로 예언하지 않는다. 단지 바깥세상을 관찰하고 다른 사람들의 눈에 미처 보이지 않지만 내 눈에는 보이는 것을 말할 뿐이다."[*]
트레인 앤 디벨롭먼트와 한 인터뷰에서는 다음과 같이 말했다.

"나는 다른 사람들이 무시한 것들 가운데서 중요한 것을 찾아낸다."[**]

물론 드러커가 미래를 예측한 글을 전혀 발표하지 않은 것은 아니다.

"1929년 월스트리트에 본점을 두고 있는 한 금융회사의 프랑크푸르트 지점에서 수습사원으로 근무할 때였다. 나의 직속상사, 다시 말해 그 회사의 유럽 담당 경제분석가는 증권 붐이 영원히 지속될 것이라고 확신했다. 따라서 그는 미국 기업들이 발행한 보통주식을 사두는 것이 큰 돈을 버는 지름길이 틀림없다고 결론을 내린 『투자론』이라는 멋진 제목의 책을 저술하고 있었다. 나는 당시 스무 살도 채 안 되었는데, 그 직속상사가 저술하고 있는 책의 오자를 교정하고 색인을 정리하기 위해 연구보조원격으로 최연소 수습사원으로서 채용되었다. 그 책은 뉴욕 증권시장이 파탄 나기 이틀 전에 출판되었으므로 흔적도 없이 사라졌다. 내 일자리도 며칠 뒤 같은 운명을 겪었다. 그 무렵 나 역시 앞으로 주가가 오를 것이라는 논문을 쓴 적이 있다. 그런 일을 겪고 난 후 앞으로 나는 주식가격은 물론이고 미래에 대

[*]Forbes, March 1997, p. 122.
[**]Training and Development, September 1998, p. 22.

한 예언은 전혀 하지 않기로 작정했다."

나는 1999년 90세를 맞아 드러커의 사상을 정리하는 의미에서 드러커에게 자신이 한 미래 예측 가운데 맞은 것과 틀린 것을 정리해달라고 요청했다. 이에 드러커는 다음과 같은 글을 보내왔다.[*]

"학자들이 내놓은 미래 예측은 빗나가는 경우가 많다. 예컨대 1929년 초 유명한 경제학자인 아서 피구Arthur C. Pigou는 '미국 경제엔 공황이 없을 것'이라고 장담했지만 몇 개월 뒤 미국은 공황을 맞았다. 슘페터도 자본주의의 몰락을 예언했지만 그 예언은 아직 실현되지 않고 있다. 돌이켜보면 나 자신도 지난 20세기에 적지 않은 전망을 해왔다. 물론 그중엔 맞는 것도 있고 틀린 것도 있다. 1938년 나는 『경제인의 종말』에서 히틀러나 스탈린이 내세우는 것 같은 전체주의는 몰락할 것이라고 단언했다. 전체주의가 개인주의를 절대 이길 수 없다고 판단했기 때문이다. 같은 맥락에서 1988년에는 구소련의 해체를 예견했다. 컴퓨터는 처음에는 미사일 추적장치 등 군사용으로 주로 쓰였다. 그러나 나는 이 컴퓨터가 회계처리나 공정관리를 위해 기업에서 가장 많이 쓰일 것으로 봤다. 이런 예측은 대부분 들어맞았다."

그렇다면 드러커의 선견력foresight의 근거는 무엇인가? 드러커가 남달리 앞을 내다보는 능력을 갖추게 된 것은 어릴 때부터 도서관에서 많은 독서를 한 것, 부모님과 친구들이 나누는 대화를 경청한 것, 부모님과 함께 살롱에 출입하면서 지식인들을 관찰하고 토론한 것으로까지 거슬러 올라간다. 드러커의 삼촌과 사촌들 가운데는 빈대학

---

*1999. 11. 19. 한국경제신문 게재

교수들이 몇 명 있었다. 그뿐만 아니라 드러커의 부친도 오랫동안 빈 대학의 경제학 강사로 수시로 강좌를 맡고 있었다. 그런데 드러커는 빈대학도서관 이용을 거절당하고 말았다. 대학도서관은 이용할 수 없었지만 빈에는 국립도서관이 있었다. 국립도서관에는 부친의 친구 트라운 트라우네크 백작이 근무하고 있었다. 백작은 쾌히 드러커를 자신의 개인 손님으로 도서관에 출입하게 하고는 자기 집무실 옆의 작은 방에서 읽고 싶은 책은 뭐든지 자유롭게 읽을 수 있도록 주선해 주었다. 따라서 드러커는 초등학교 수업이 끝나면 그길로 곧장 국립도서관으로 가서 법철학 책이나 사회학 책을 마음껏 읽을 수 있었다.

드러커가 어린 시절부터 유럽 상류사회의 사교적·지적 분위기에서 생활하게 된 것은 당시 오스트리아의 재무장관 헤르만 슈바르츠발츠의 아내 게니아 여사가 운영하는 살롱에 초대되면서부터였다. 그녀의 살롱에 출입하는 사람 가운데는 소설가 토마스 만Thomas Mann도 있었다. 드러커는 다음과 같이 회고했다.

"나는 16세 때 그녀의 살롱에서 토마스 만을 만났다. 만이 노벨문학상을 받기 수년 전이었는데 이미 대작가의 반열에 올라 있었다."

드러커는 18세 때인 1927년에 고등학교를 졸업하고 고향 빈을 떠나 독일의 함부르크에 있는 면제품 수출회사에 견습생으로 입사했다. 드러커는 함부르크 시절을 이렇게 회고했다.

"견습생으로서 한 일은 정말 재미없었고 배울 것도 거의 없었다. 나는 오전 7시 30분에 출근하여 오후 4시까지 일했다. 그리고 토요일에는 정오에 마쳤기 때문에 시간이 남아돌았다. 나는 주중 5일은 저녁 내내 함부르크의 유명한 시립도서관에서 보냈다. 그 도서관은 내가 근무하는 회사와 거의 붙어 있었다. 대학생은 그들이 원하는 대로 책을 얼마든지 빌려 볼 수 있었다. 15개월 동안 나는 독일어와 영어 그리고 프랑스어로 된 책을 읽고 읽고 또 읽었다.”

## 보수주의 철학 : 연속과 변화

1930년대 초는 드러커가 20대로 접어드는 때이다. 이때 그를 둘러싸고 있는 사회, 경제 그리고 정부 할 것 없이 문명이라고 할 만한 것은 모두 몰락하고 있었다. 그 당시 연속성은 철저히 끝나가고 있었다. 야코프 부르크하르트Jacob Christoph Burckhardt는 역사학이 무엇보다도 역사의 맨 처음이 언제였는지 밝힐 수 없다. 따라서 그 종말도 말할 수 없는 매우 불확실한 분야라고 보았다. 드러커는 부르크하르트의 이런 견해를 받아들였다.

나치가 등장하면서 유럽의 미래는 불투명했다. 드러커는 장차 자신이 맞게 될 운명에 대한 불안으로 인해 백여 년 전 사회붕괴라는 비슷한 상황에서 나중에 법치국가라는 개념으로 정립된 제도를 발명하여 사회 안전을 도모한 세 명의 독일 사상가, 즉 빌헬름 폰 훔볼트Wilhelm von Humboldt, 요제프 폰 라도비츠Joseph von Radowitz, 프리드리히 율리우스 슈탈에 관해 깊이 연구했다. 특히 슈탈 연구를 바탕으로 1933년「프리드리히 율리우스 슈탈 : 보수주의적 국가이론과 역사발전」을 발표했다. 드러커는 이 논문에서 자신의 사고체계와 추후 연구에서 중심적인 주제인 '연속과 변화continuity and change'라는 명제를 도출해냈다.

드러커는 역사가 '연속과 변화'의 과정으로 진행된다고 보았다. 한 역사는 다음 역사로 넘어갈 때 역사의 경계historical divide를 지나 일정 기간 혼란과 변화 기간transition period 또는 단절의 시대the age of discontinuity 를 겪은 뒤 장기간 연속 상태가 지속된다고 보았다.

# 역사의 경계와 새로운 현실

드러커는 1989년 『새로운 현실』의 서문에서 이렇게 썼다.

"이 책은 앞으로 일어날 일이나 다음 세기에 관해 쓴 것은 아니다. 다음 세기는 이미 시작되었다. 아니, 그것은 이미 시작된 지 오래되었다. 우리가 직면해 있는 문제 중 몇 가지는 과거의 성공으로 만들어졌다. 예를 들면 복지국가의 성공, 20세기가 발명한 조세국가의 성공, 지식사회의 성공 등이 그렇다. 이 책은 내일 무엇을 해야 하는지에 초점을 맞춘 것은 아니다. 이 책은 '내일을 생각하면서 오늘 무엇을 해야 하는가'에 초점을 맞추고 있다."

이 책에서 드러커는 '역사의 경계'라는 개념을 제시하며 역사의 한 시점에서 진정한 의미의 새로운 시대가 오고 '새로운 현실new reality'이 정착된다고 주장했다. 역사에는 수백 년마다 한 번씩 급격한 전환이 일어난다. 전환기에 해당하는 수십 년 동안에 걸쳐 사회는 사회 자체를 다시 조정한다. 세계를 보는 관점, 기본적 가치관, 사회적·정치적 구조, 예술을 보는 관점, 주요한 사회적 기관들을 재조직한다. 그리하여 50~70여 년간의 전환기가 지난 뒤에는 완전히 새로운 세상이 되어버리고 만다. 그래서 새로 태어나는 아이들은 조부모들이 살았던 세상과 부모들이 태어났던 세상을 전혀 상상할 수도 없게 된다. 드러커는 그런 시대를 '역사의 경계'라고 이름 붙였다. 드러커는 역사의 경계를 다음과 같이 문학적으로 표현했다.

평탄한 들판이라도 어느 지점에 다다르면 길은 이제 본격적으로 산꼭대기로 올라가게 되고 드디어 산꼭대기에 도달한 다음에는 새로운 골짜기로 내려가는 고갯길이 있다. 그런 고갯길들은 대부분 단지 지형상의 변화일 뿐으로 골짜기 양쪽으로 기후, 언어, 문화는 미미한 차이가 있거나 아니면 전혀 차이가 없다. 하지만 어떤 고갯길은 다르다. 그것들은 지리상의 풍경을 바꾸는 진정한 경계이다. 흔히 그런 고갯길들은 별달리 높은 곳도 아니고 장관이 펼쳐지는 곳도 아닌 곳에 있다. 예컨대 오스트리아 인스부르크 남쪽에 위치한 높이 1,370미터의 브렌네르 패스Brenner Pass, passo del brennero는 이탈리아에서 알프스를 넘는 여러 고갯길들 가운데 가장 나지막하고 평탄한 고갯길이다. 하지만 아주 옛날부터 이 고갯길은 지중해 문화와 북유럽 문화사이에 가로놓여 경계선 노릇을 했다. 델라웨어 협곡은 뉴욕 서쪽으로 약 70마일에 있으므로 진정한 의미의 고갯길도 아니다. 하지만 이 협곡은 미국의 동부 해안선과 미국 중부를 갈라놓는다.

역사도 마찬가지로 그런 경계를 갖고 있다. 그것 역시 별로 거창하지 않다. 동시대를 사는 사람들에게 주목받지 못하는 경향이 있다. 하지만 일단 그런 경계를 건너고 나면 사회적·정치적 풍경은 아주 달라진다. 사회적·정치적 기후도 다르고 사회적·정치적 언어도 마찬가지로 다르다. 새로운 현실이 시작되고 새로운 역사가 펼쳐지는 것이다.

　다음의 몇 가지 이슈는 드러커가 다른 사람들은 무시하지만 역사를 바꿀 중요한 사건으로, 즉 '역사의 경계'로 인식한다는 근거를 보여준다.


## 1873년 자유방임의 종언과 정부의 등장

'역사의 경계'를 넘은 사건 중 하나가 1873년 오스트리아 빈 증권시장이 공황에 빠진 것이다. 빈 증권시장의 붕괴 그 자체는 경제적으로는 큰 사건이 아니었다. 유럽과 미국의 증권시장을 공황으로 몰아넣기는 했으나 단기간에 끝났다. 유럽과 미국 경제는 1년 반 후 완전히 재기했다. 그러나 정치적으로 볼 때 빈 증권시장의 붕괴는 100년간의 자유주의 시대의 종식, 즉 1776년 스미스의 『국부론』과 함께 시작된 자유방임이라는 정치적 이념에 종지부를 찍었다.

　1873년 이전의 카를 마르크스는 그저 이름 없는 한 반항적 저널리스트였다. 그로부터 5년 후 마르크스는 정신적 지도자로서 온 유럽뿐만 아니라 미국에까지 신봉자를 두게 되었다. 15년 후 마르크시스트 사회주의 정당은 프랑스, 이탈리아, 독일, 오스트리아 등 유럽 대륙의 주요국 전체에서 가장 큰 정당이 되었다. 비합법적이긴 했지만 제정 러시아에서도 최대 정당으로 성장했다.

빈 증권시장이 붕괴한 지 10년 후인 1883년에서 1888년 사이에 독일에서는 재상 비스마르크Bismarck가 사회주의의 확산을 막기 위해 국민건강보험제도와 노인연금보험제도를 제정했다. 사회보장이라는 안전망을 정부가 제공하는 '복지국가'의 시초였다. 같은 무렵 영국과 오스트리아에서는 공장의 안전규칙이나 부녀자 노동 제한규정에 따라 고용주의 행동에 제약을 가했다.

유럽 정치사상과는 아무런 관계가 없을 법한 미국에서조차 1880년대에는 농민구제법, 철도규제를 위한 각 주간 상업위원회, 독점금지법, 증권업 규제를 위한 각 주의 주법에 따라 자유시장에 제약이 가해졌다. 1880년대 말에는 처음으로 반기업적 정치운동인 포퓰리즘이 생겨났다. 포퓰리즘은 증권시장, 농산물가격, 노동시간, 임금에 정부규제를 요구했다. 수 년 뒤에 미국은 기업들을 정부 소유로 하기 시작하였다. 1880년대 네브라스카 주 출신 국회의원 윌리엄 브라이언William Jennings Bryan의 주도 아래 처음으로 국유화를 시도하였다.

1894년 프랑스 육군의 유대인 포병대위 알프레드 드레퓌스Alfred Dreyfus가 독일 간첩이라는 누명을 쓰고 유죄판결을 받았다. 전체주의는 드레퓌스 사건을 계기로 크게 활개쳤다. 드레퓌스가 독일 첩자라는 유죄판결을 받은 지 2년 뒤 프랑스에서는 그가 누명을 썼다는 것은 주지의 사실이 되어 있었다. 그러나 여론이 그의 명예회복을 허용하지 않았다.* 그 사건은 '무죄냐 아니냐가 문제가 아니다. 중요한 것은 군의 권위다'라는 의견에 그만 덮어버리고 말았던 것이다.

물론 이와 같은 소리야말로 전체주의의 본질이다. 사회 전체, 당, 국가, 아리아 인종의 절대 우월감으로 나타난다. 군이야말로 진리요, 궁극의 기준이라는 생각이 프랑스의 여론을 반反드레퓌스 방향으로 결속시켰다.

드레퓌스 사건이 기폭제가 되어 반유대주의가 폭발했다. 제2차 세계대전 때 프랑스의 친나치 정권이었던 비시 정부Vichy France는 반유대주의의 흐름을 계승한 것이다. 1895년 독일황제의 왕실 설교사였던 루터교 목사 아돌프 슈토커Adolf Stoecker가 국내의 반자본주의 세력을 모으기 위해 베를린에서 처음으로 반유대 사회주의 정당을 결성했다. 1년 후에는 오스트리아에서 반유대주의자 카를 루에거Karl Lueger가 빈 시장에 선출되었다.

1897~1900년 사이 빈 시장 루에거는 1880년대 미국의 네브라스카 주와 유사하게 오스트리아 국민자본 소유의 전차회사, 전기회사, 가스회사들을 몰수하여 시소유로 넘겼다. 사회주의에 대항했던 비스마르크와 마찬가지로 브라이언도 루에거도 사회주의자가 아니었다. 브라이언과 루에거는 미국이 포퓰리스트populist라고 부르던 부류의 사람들이었다. 그들 둘은 정부가 기업을 소유하는 것을 일차적으로 '자본가'와 '노동자' 사이에 급속히 증가하는 계급투쟁을 완화할 수 있는 수단으로 보았다.

*드레퓌스의 명예는 그 10년 후에야 가까스로 회복되었다.

1873년 빈 증권시장이 붕괴된 이후 100년 동안 '정부의 경제지배와 사회지도'가 진보적 이념이 되었다. 여기에서는 복지국가 그 자체가 옳으냐 그르냐를 에워싼 논쟁은 없었다. 격론은 정부와 정부에 의한 경제와 사회의 방향 설정을 민주적·법적인 제약 아래 두려고 하는 복지국가 신봉자와 정부에 대해 무제한적·절대적 지배권을 부여해야 한다고 주장하는 마르크스주의, 반유대주의 등 전체주의 국가 신봉자 사이에서 벌어졌다.

정치구호는 언제나 정치적 현실보다 더 오래간다. 100년 역사를 자랑하는 복지국가의 구호도 앞으로 두고두고 사용될 것이다. 미국 선거에서 뉴딜 구호는 앞으로도 민심에 영향을 미치는 말로 사용될 것이다.


# 세계화는 언제 시작되었는가?

현대사의 가장 중요한 사건 두 가지가 1873년이라는 '역사의 경계' 앞에서 발생했다. 1857년 인도인 용병이 영국 지배에 반항해서 일으킨 세포이 반란과 1867년 일본의 메이지유신이다. 전자는 세계의 '세계화'를 결정짓게 했고 후자는 '비식민지화'를 결정짓게 했다.

세포이 반란은 서구화를 저지하려는 자포자기적인 반항이었다. 승승장구한 반란군이 패배를 목전에 둔 지배자 영국을 내쫓은 다음 자신들이 새로이 건설해야 할 것이 없다는 사실을 깨달았을 때 그것은 실패로 끝났다. 이 반란이 실패함으로써 서양의 기술, 체제, 산업, 과학, 교육이 세계를 제패하게 되었다. 서양화에 대한 저항은 세포이 반란 이후에도 계속되었다. 그 가운데 1900년 중국에서 발생한 의화단義和團 사건이 가장 큰 저항이다. 그리고 이란의 호메이니 혁명도 그중 하나이다. 다만 세포이 반란 이후 그러한 저항은 모두 실패할 운명을 지고 있었다. 이란의 호메이니만 해도 원유를 수출해 외화를 획득하고 그 외화로 서양의 기술과 무기를 수입하여 서방과 싸울 수 있었을 뿐이다. 세포이 반란이 실패하자 서양 열강은 전 세계를 서구화할 수 있다는 확신을 가지게 되었다. 그리고 그로써 그들은 전 세계의 정치적·군사적·경제적 지배권을 장악하고 비서구 전체를 서양의 문명과 제국의 일부로 편입해야 하고 또 그렇게 할 수 있다는 결론을 이끌어냈다.

한편 일본은 미국 페리 제독이 이끄는 흑선이 요코하마 앞바다에 닻을 내린 1853년 이후 10여 년에 걸쳐 망설인 끝에 1868년 서구화를 받아들이기로 결심했다. 그와 동시에 일본은 서구화의 과정과 '서구화 이후'의 정치, 사회, 경제, 기술에 대한 지배권을 사수하기로 결의했다. 서양 열강이 홍수처럼 온 세계로 밀고 나가 승리의 함성을 올리고 있을 때 당시 유럽인들이 이런 일본의 결의를 거의 무의미하다고 보고 무시해버린 것도 무리는 아니다. 그러나 결국 최후의 승리는 일본에게 돌아갔다.

일본은 오히려 서구를 끌어들임으로써 서구의 지배에서 벗어났다. 일본은 서구를 아시아에서 추방하고 서구 식민지세력의 권위를 떨어뜨리는 데 성공했다. 그 결과 서구는 서구화된 비서구 세계, 즉 아시아와 아프리카에 대한 지배권을 포기하지 않을 수 없었다.

# 1973년 오일 쇼크와 사회에 의한 구원의 종말

1973년의 오일 쇼크 또는 이와 거의 동시에 발생한 닉슨 대통령의 변동환율제 이행 결정도 역사적인 중대사건이라고 할 수는 없다. 하지만 1968년에서 1973년에 이르는 기간은 사실 1873년에 맞먹을 만한 역사의 경계다.

1873년에는 자유방임주의 시대가 끝났고 1973년에 정부가 진보를 뜻하던 시대의 끝이었다. 1973년은 1870년대에 형성된 사상과 정책이 지배하는 시대의 종언을 고한 해이다. 또 미국 민주당 자유주의자, 사회민주주의자, 마르크스 사회주의자, 국가사회주의자의 사상과 정책에 종지부가 찍힌 해이다. 다시 말해 국가가 국민에게 약속한 것을 지킬 수 없음을 드러낸 해였다.

18세기 계몽시대 이래 모든 나라에서 정치의 중심이 되고 원동력이 된 것은 '사회에 의한 구원the belief in salvation by society'이라는 사상이었다. 마르크스주의를 두드러지게 매력적으로 만든 것이야말로 '사회에 의한 구원' 사상이었다. 그러나 이제 이것을 믿는 사람은 단순히 스탈린주의자뿐이다.

한편 최후의 식민지 제국 러시아가 식민지 해체라는 마지막 단계에 들어가 있다. 그 이후 오는 것은 '러시아'도 아니요, '제국'도 아니다. 사회와 인간의 완성을 실현하는 항구적 사회, 다시 말해 '지상낙원'을 건설하는 사회라는 마르크스의 약속을 휴지로 만들어버린 것이다. 고르바초프나 덩샤오핑의 후계자들이 공산당 독재를 유지하면서 한편으로 경제를 활성화하는 것은 가능할지도 모른다. 그러나 분명한 것은 '사회에 의한 구원'이라는 믿음을 회복한다는 것은 공산주의든 다른 어떤 주의든 불가능하다는 사실이다. 남아메리카의 일부 신학자를 제외하면 이미 누구도 집단적인 힘이 완전한 사회나 완전에 가까운 사회를 만들 수 있다고 생각하지 않는다. 하물며 인간을 근본적으로 개조하여 새로운 아담을 만들 수 있다고는 생각하지 않는다.

물론 정부가 점차 소멸해간다는 것은 아니다. 하지만 만약 오늘날 20년 전의 린든 존슨 대통령처럼 '위대한 사회'를 제창한다면 웃음거리가 될 뿐이다. 정책논쟁은 계속될 것이다. 무엇에 보조금을 내야 하는가? 무엇을 금해야 하는가? 정책 하나하나의 비용효과와 성공의 가능성 등도 논의될 것이다. 약물남용이 사라지게 하려면 전면금지와 합법화 어느 쪽이 효과적일까? 이런저런 정책이 표와 결부될까? 정권유지에 도움이 될까? 여당을 이길까? 그리고 물론 자칭 사회주의자나 노동당원은 없어질 리가 없다. 아마도 오랫동안 존재할 것이다. 하지만 그들의 존재가 도대체 무슨 의미가 있단 말인가?

1981년 프랑스 대통령에 취임한 프랑수아 미테랑Francois Mitterrand을 보자. 미테랑은 대통령 취임 당시만 해도 유럽 최후의 진짜 사회민주주의자였다. 1930년대의 정책, 희망, 약속의 계승자였다. 그러나 그는 취임한 지 반년도 지나기 전에 방향을 전환했다. 프랑스로부터의 자본도피라는 현실적 문제가 원인이었다. 그 결과 미테랑의 사회주의 정권은 서방에서 가장 친자본주의적인 정권이 되었다.

중세 유럽을 지배한 것은 '신앙에 의한 구원salvation by faith' 사상이었다. 그것은 16세기 종교개혁 때 다시 힘을 얻었다가 17세기 중엽에 힘을 잃었다. 확실히 오늘날까지도 종교는 저마다 유일하게 바른 길을 설교하고 있다. 그러나 이미 17세기 중엽에 신앙은 개인의 문제라는 것이 일반적으로 인정되었다. '신앙에 의한 구원'이 사라진 빈자리를 메운 것이 18세기 중엽에 출현한 '사회에 의한 구원', 즉 현세 정부에서 구현된 지상의 사회질서에 의한 구제였다.

'사회에 의한 구원' 사상을 처음으로 제창한 사람은 프랑스의 장 자크 루소Jean-Jacques Rousseau이다. 30년 후 이 사상을 정치사상으로 완성시킨 이는 영국의 제러미 벤담Jeremy Bentham이고, 더욱 과학적인 이론으로 체계화한 이들은 철학자 헤겔Georg Wilhelm Friedrich Hegel과 사회학의 아버지 오귀스트 콩트이다. 그리고 헤겔과 콩트에게서 태어난 것이 마르크스이다. 마르크스주의적 유토피아는 그 최후의 모습이자 이상적 상태이기도 하다. 마르크스의 자식들이 레닌, 히틀러, 마오쩌둥이다. 실제로 유럽과 미국의 세계 제패는 기계, 자본, 무기의 탁월성 덕분이라기보다는 '사회에 의한 구원'의 약속 덕분이다. 하지만 이제는 모든 것이 끝났다.

'사회에 의한 구원'의 종언은 과거 200년간의 가장 보편적인 꿈, 즉 대혁명<sup>the Revolution</sup>*의 신비가 끝났음을 뜻했다. 혁명의 결과는 대개 경우 무능한 왕을 대신해서 폭력적인 왕이 등장할 뿐이다. 대혁명은 그런 것일 수 없었다. 구세적인 대변화이자 구세주의 재림이었다. 이 구세적 환상을 처음에 품은 것이 프랑스혁명 때의 과격파이다. 그러나 그들의 이상적인 사회는 1794년의 공포정치와 뒤이은 집정관의 반혁명으로 무너졌다.

'사회에 의한 구원' 사상이나 대혁명이라는 이름의 구세주 재림신앙이 무너진 이상 새로운 종류의 예언자와 구세주가 등장할지도 모른다. '사회에 의한 구원' 사상이 죽었다는 것은 거기에 공백이 생겼다는 것과 다름없다. 이슬람 원리주의가 대두한 것도 이 공백을 메우기 위한 시도 가운데 하나이다. 미국 시민생활에서 보는 종교의 융성, 즉 복음전도교회나 지역교회의 부흥도 현세에서 '사회에 의한 구원'이 소멸한 것에 대한 반동의 하나이다.


# 사회에 의한 구원을 추구한
# 루스벨트식 정치의 종말과 지식근로자의 등장

프랭클린 루스벨트<sup>Franklin Delano Roosevelt</sup>의 경제정책은 모두 실패했다. 그러나 그의 정권은 정치적·사회적으로는 미국 역사상 가장 빛나는 성공을 거두었다. 그는 노동자 대표를 정권 내부에 끌어들였다. 그래

*여기서는 구체적으로 프랑스 대혁명을 말함.

서 경제계는 그를 좌익으로 보았다. 그러나 그는 그렇게 하여 노동조합이 독립된 정치세력으로 힘을 가지고 행정부나 입법부를 지배하는 유럽 같은 사태를 피하는 데 성공했다.

루스벨트의 발언은 반기업적이었지만 정책 자체는 일관적이어서 구매력이 향상되어 소비수요를 늘리고 이에 따라 기업의 이익을 가져오는 방향으로 나아갔다. 또 그는 농민의 이익을 강력하게 지지했지만 전임 대통령이 보호주의를 실천한 데 반하여 경제적 회복에 덧붙여서 사회정의, 즉 정치개혁을 중심에 놓아 사회에 희망을 안겨주었다.

미국이 대공황에서 경제적으로 회복되기 시작한 것은 1940년에서 1941년에 걸쳐 전시경제에 돌입한 후부터이다. 그러나 사회적·정치적으로 서방세계 중에서 미국만이 루스벨트 대통령 취임 후 불과 1년에서 1년 반 사이에 대공황의 상처에서 벗어나 재기하여 전진하기 시작했다. 그리하여 벌써 1935년에는 은행 폐쇄, 절망적인 실업, 농업과 농촌을 황폐화하는 한발과 모래폭풍에도 미국은 자신감에 넘쳐 세계의 지도자임을 자처하기에 이르렀다. 루스벨트의 뉴딜 사상은 트루먼의 뒤를 이은 드와이트 아이젠하워 때 절정기에 이르렀다.

이제 루스벨트식 가부장 국가도 종말을 맞았다. 1984년 대통령 선거에 출마한 월터 먼데일Walter Mondale은 인격, 식견, 경험, 그 어느 면으로나 미국 역사상 최고의 대통령후보였다. 그러나 그만큼 대패를 맛본 대통령후보도 미국 역사상 드물다. 그 원인은 루스벨트식의 미국을 재현하려고 한 데 있었다. 그 사실이 그를 여지없이 시대착오적인 인물로 만들어버렸다. 당시 50세 미만인 사람 중 그의 말을 이해한 사람은 거의 없었다.

19세기에는 서로 대립하는 두 가지 사회모델이 있었다. 한편은 40에이커의 토지와 노새 한 마리를 가지고 있는 농민, 소상인, 장인 등 작은 독립된 개인으로 이루어지는 사회가 올 것이라 예언했다. 모두가 평등하고 모두가 권력이나 부를 가지지 않고 또 모두가 절대적 빈곤자가 아니며 남에게 의존하지도 않는다는 사회모델이다. 그런 이상을 가장 명확하게 제시한 사람이 미국의 토머스 제퍼슨이었다.

다른 한편은 완전히 반이상적인 사회상, 즉 많은 수의 한결같이 가난하고 착취당하고 종속적인 존재인 프롤레타리아가 극소수의 착취하는 자본가에게 완전히 지배되는 사회상이 제시되었다. 이것은 마르크스가 가장 명확하게 묘사했다. 그러나 이 예언도 현실화되지는 않았다.

현실은 제퍼슨도 마르크스도 그리고 1950년이나 1960년 이전에는 그 누구도 상상하지 못한 상태가 되었다. 즉 '지식근로자'의 사회가 된 것이다. 지식근로자는 착취자도 피착취자도 아니다. 더욱이 개개인은 자본가도 아니지만 총체적으로는 연금기금, 신탁, 저축 등으로 생산수단을 소유하고 있다. 그들은 부하인 동시에 상사이기도 하다. 완전히 독립된 존재인 동시에 남에게 의존하는 존재이다. 그들은 이동의 자유가 있다. 그러나 자기 자신이 의미 있는 존재가 되려면 어떤 사회적 기관의 종업원이 되어야 한다. 적어도 어떤 사회적 기관과 컨설턴트 정도 관계를 맺어야 하는 것이다.

새로운 지배적 노동력인 지식근로자는 이해집단이라는 개념에 어울리지 않는 존재이다. 지식근로자는 농민도 노동자도 소규모 사업주도 아니다. 그들은 조직의 피고용원이다. 그러나 프롤레타리아는 아니다. 그들은 자기 자신이 피착취계급이라는 느낌을 갖지 않는다. 집합체로 본다면 그들이야말로 연금기금이 있음으로써 미국에서 유일하게 자본가라고 해야 할 존재이다.

현대 선진국에서는 사람들이 대부분 조직의 피고용자로 일한다. 더욱이 교육수준이 높을수록 일생을 조직의 피고용자로 보내게 될 확률이 높다. 그러나 그러한 신분은 경제적으로나 사회적으로 아무런 특정한 이해관계를 수반하지 않는다. 또 특정한 생활문화를 뜻하지 않는다. 어떠한 정치적 개념과도 무관하다. 지식근로자는 마크 해너Mark Hanna나 루스벨트 시대의 미국이 기반으로 삼은 사회의 개념을 부정하는 존재이다. 하물며 오늘날 그들에게 적합한 정치사상도 없다. 그들을 정치적으로 뭉치게 하는 것도 없다.

계층적인 가치관이나 생활양식은 거의 사라져버렸다. 남아 있다면 북아일랜드나 스코틀랜드의 직공 또는 시칠리아 섬의 농민 등 예외적인 사람들 사이에 있을 뿐이다. 이제 그들은 단순히 시대에 뒤떨어진 존재일 뿐이다. 확실히 오늘날에도 미국의 목축업자나 양계업자는 자신들을 농민으로 생각한다. 그러나 그들이야말로 오늘날 컴퓨터를 가장 많이 사용하는 부류이다. 물론 오늘날도 자동차공장 직공은 노동자이다. 그러나 그들은 지난날의 노동자계층이 누렸던 생활문화와는 거의 무관하게 생활하고 있다.

지식사회는 사회적 이동성이 너무 높기 때문에 뿌리가 없는 사회가 될 염려가 있다. 게다가 '노동자계급'도 남아 있다. 농촌이나 소도시의 사회적 유대도 붕괴되어가고 있다. 그리하여 지식근로자의 시야는 좁아진다. 따라서 지식사회에는 어디까지나 자유로이 선택했지만 사람과 사람이 유대하는 지역사회가 불가결하다. 지식사회에는 개인이 봉사를 해서 주인 역할을 할 수 있는 장이 필요하다. 그리고 지식사회에는 수동적 자유만 주어진 장, 즉 명령은 받지 않지만 내버려져 있을 뿐이라는 뜻에서의 자유만이 주어진 장이 아니라 개인이 사회에 적극적으로 참여해 제각기 책임을 질 수 있는 장이 필요하다.

## 연금기금 사회주의의 출현을 예측하다

1976년 드러커는 『보이지 않는 혁명-어떻게 연금기금 혁명이 미국에서 일어났는가?』에서 이미 현실이 된 것인데 아무도 감지하지 못했고 눈에 보이지도 않았던 연금기금 사회주의가 미국에 조용히 도래했다고 선언했다.

정통적인 사회주의에 대한 유일하고도 엄격한 정의를 '노동자의 생산수단 공동소유'라고 한다면 미국이야말로 최초의 진정한 사회주의국가라고 할 수 있다. 연금제도 덕분에 오늘날 미국 기업의 종업원들은 전체기업의 주식자본 중 최소한 25퍼센트를 소유하고 있다. 이 25퍼센트는 기업을 통제하고도 남을 만큼의 지분이다. 그리고 자영업자, 공직자, 교사, 교수들의 연금도 10퍼센트를 차지해 결과적으로 미국의 노동자들은 미국 기업의 주식자본 가운데 3분의 1 이상을 보유하고 있는 셈이 된다.

10년 내에 연금제도는 불가피하게 그 지분을 증식할 것이고 1985년까지는(아마 더 이른 시일 안에) 주식자본의 최소한 50퍼센트에서 60퍼센트는 소유하게 될 것이다. 21세기가 채 되기도 전에 연금기금자산의 규모는 보통주식의 3분의 2에다가 부채자본(채권, 무담보사채 및 어음 등)의 대부분(약 40퍼센트)을 합친 것과 같게 될 것이다. 또한 인플레이션은 이러한 과정을 더욱 가속화하게 될 것이다. 농업은 차치하고라도 오늘날 실제로 미국 경제는 대부분 투자기관과 연금제도를 통해 미국 노동자들에게 소유되고 있다.

이것은 칠레의 살바도르 아옌데Salvador Isabelino Allende가 사유재산을 몰수해 칠레를 사회주의 국가화하고, 피델 카스트로Fidel Castro가 쿠바에서 실질적인 국유화를 실시하고, 스탈린주의의 절정에 있는 헝가리나 폴란드가 국유화를 단행함으로써 이룩한 것보다 더욱 큰 노동자 소유권을 가져온 것과 같다.

사회주의 이론에 따르면 미국의 종업원들은 생산수단의 유일하고도 진정한 소유자이다. 즉 연금제도를 통하여 종업원들은 미국의 자본기금을 소유하고 통제하고 관리하는 유일하고도 진정한 자본가가 된 것이다. '생산수단', 다시 말해서 미국 경제는 종업원의 이익을 위해 운영되고 있다. 이윤은 종업원의 거치보상인 퇴직연금을 증가시키게 된다. 달리 말하면 미국은 의도적으로 노력하지 않고도 경제를 '사회화'하였다. 하지만 그렇다고 '국유화'한 것은 아니었다. 오직 미국에서만 종업원들은 임금소득을 일부 저축한 연금 형태로 기업의 이익을 소유하거나 획득한다. 오직 미국에서만 종업원들은 그들의 연금기금pension fund을 통해 또한 법적 소유주, 자본의 공급자, 자본 시장의 지배 세력이 되고 있다.

『보이지 않는 혁명』은 새로운 문제를 제기했다는 데 의미가 있다. 오늘날처럼 사고의 빈곤과 사상의 혼돈이 심각한 시대에서 새로운 변화를 찾는 지식인들에게 사명감을 부여하는 하나의 아이디어 내지는 방향을 제시했다는 점에 주목해야 한다. 이 책의 핵심 내용은 1993년 『자본주의 이후의 사회』에서 좀더 깊이 다루어지고 있다. 이 책은 1996년 『연금기금혁명』이라는 제목으로 다시 발간되었다.

# 구소련의 해체와 탈유럽화를 예측하다

드러커는 1989년 『새로운 현실에서』 구소련의 해체를 암시하는 글을 발표했다. 오늘날까지도 식민주의 대국이 꼭 하나 남아 있다. 유럽의 역사만이 역사로서 의미를 가지고 유럽인만이 정치와 권력을 장악하고 있는 나라가 있다. 바로 '러시아 제국'이다. 그러나 이 '러시아 제국'은 곧 무너질 것이며 적어도 유럽국가로부터 '탈유럽' 국가로 그것도 주로 아시아적인 국가로 변해 있을 것이다. 그 변화에 필요한 것은 이미 모두 일어나고 있다. 변화의 속도와 방향만이 명확하지 않을 뿐이다.

페레스트로이카Perestroika는 '위로부터의 혁명'이고 그런 종류의 혁명의 성공은 역사상 매우 드문 일이다. 사실 페레스트로이카는 18세기의 계몽전제군주, 즉 오스트리아의 요제프 2세Joseph II가 실시한 유럽 최후의 '위로부터의 혁명'과 꼭 닮았다. 현명했던 요제프 2세는 쇠퇴하는 오스트리아 제국의 방향전환과 부흥을 꾀했으나 완전히 실패했다. 그러나 실제로 역사에는 영속적인 성과를 거둔 '위로부터의 혁명'이 둘 있다. 그것이 모두 러시아사에서 있었다. 하나는 러시아 국가를 세운 이반 뇌제Ivan IV, Ivan the Terrible의 혁명이다. 다른 하나는 막무가내로 서구화를 실현한 표트르 대제Peter I the Great의 혁명이다. 따라서 고르바초프의 페레스트로이카가 성공할 가능성을 덮어놓고 부정할 수는 없다. 핵심 문제는 민족주의와 반식민지주의가 고조되어 '러시아 제국'이 분열 위기에 놓인 것이다. 1917년 레닌이 모든 민족에게 문화와 교육의 완전한 자치를 약속함으로써 황제의 정예연대 가운데 하나인 라트비아 저격연대Lett Sharpshooter의 지지를 받은 것이다. 그들의 지지가 없었다면 10월혁명이 성공할지는 미지수였다.

유럽권 러시아의 급격한 노령화와 인구감소의 결과 소련은 점점 더 비유럽인에게 의존하지 않을 수 없게 된다. 이미 유럽권 농촌은 노동인구 부족에 시달렸다. 노령화가 진행되고 있을 뿐만 아니라 유능한 인간은 속속 농촌을 떠났다. 소련이 군사력을 유지하려면 아시아인을 많이 징병해야 한다. 그러나 역사상 아시아인이 러시아인의 지휘 아래 싸운 예는 없다. 아프가니스탄에서도 그런 예를 보지 못했다. 따라서 소련은 병력을 대폭 줄이든지 군대 지배권을 반反러시아적인 아시아인에게 넘겨주는 위험을 무릅쓰든지 양자택일하지 않을 수 없게 된다.

구소련 내 아시아인의 모국어 해독률은 100퍼센트이다. 그런데 이들 가운데 러시아어로 읽고 쓸 줄 아는 사람은 전체의 3분의 1에 지나지 않는다. 구소련군에 비유럽인 지휘관은 사실상 한 명도 없다. 경제계나 구소련 과학아카데미에도 없다. 중앙위원회나 정치국 등 공산당의 최고기구에 한두 명이 있을 뿐이다. 이런 상태가 오래 계속될 리가 없다.

1989년『새로운 현실』이 출판되고 2년이 채 안 된 1991년 12월 30일 구소련은 공식적으로 해체되었다. 구소련을 구성하던 15개 공화국은 독립국가 연합체 CIS<sup>Commonwealth of Independent States</sup>를 구성했다.

# 민영화 : 정부는 무엇을 할 수 있는가?

애덤 스미스의『국부론』만큼 큰 영향을 미친 책은 많지 않다. 교육을 받지 않은 사람도 이름을 들어본 적이 있는 경제학 책이다. 그러나 스미스가『국부론』에서 말하고자 한 것은 책이 출판된 지 수십 년 후에는 잊혔다. 그러다가 최근 들어 재발견되고 있다. 스미스는 '경제인'을 좋아하지 않았다. 이기심 따위는 더욱더 좋아하지 않았다. 정부의 경제 운영이 서투르다는 말도 하지 않았다.

스미스는 정부라는 것은 정확히 말해 본질상 경제를 운영하지 못한다고 말했다. 요컨대 스미스는 코끼리가 새보다도 날지 못한다고 말한 것이 아니다. 정부는 코끼리이고 코끼리는 날지 못하는 것이라고 말했을 뿐이다.

그런데 나폴레옹 전쟁이 끝났을 무렵 세상의 논의는 '정부는 무엇을 할 수 있는가?'가 아니라 '정부는 무엇을 해야 하는가?'로 이행해 버렸다. 요컨대 스미스는 정부의 본질을 논했고 19세기 사람들은 정치를 논했다. 정부의 계획, 통제, 활동에 대해 가장 엄격하게 비판을 전개한 사람은 최후의 자유주의자라고 할 수 있는 19세기 말 영국인 철학자 허버트 스펜서이다. 그는 공립학교조차도 개인의 자유를 간섭하는 존재라며 비판했다. 그러나 스펜서도 계획수행에 관한 정부의 능력 자체를 문제 삼지는 않았다. 다만 정부의 계획수행에 대한 정통성을 부정했을 뿐이다.

마찬가지로 신보수주의자의 아버지 하이에크도 반정부적인 논문 「예속의 길」에서 정부의 무능을 논한 것은 아니다. 거꾸로 그는 정부가 능력을 너무 많이 가지고 있는 것으로 보고 정부의 경제 간섭을 배제하기 위한 불가피한 반론제기의 논거로 자유에 대한 위협을 논했다.

그리고 『국부론』 이후 200년이 지나서 다시 정부의 한계에 의문이 제기되었을 때 별것 아닌 것으로 간단히 처리되고 말았다. 1969년 드러커는 『단절의 시대』에서 국영기업이 정부로부터 해방된 것을 표현하기 위해 '민영화'라는 말을 사용했다. 그러나 당시 런던 이코노미스트의 서평은 민영화라는 개념 자체를 전혀 의미 없는 말로 보고 있을 수 없는 일이라며 일소했다. 마거릿 대처Margaret Hilda Thatcher가 수상으로 취임하여 민영화에 착수한 것은 그로부터 10년 후인 1979년이다.

그 후 민영화는 대처 수상이나 1986년 프랑스 수상에 취임한 자크 시라크를 비롯한 보수파의 정책이 되었다. 뿐만 아니라 프랑스 사회당 역시 1988년 수상 자리를 탈환했을 때 민영화를 약속했다. 그리고 실제로 노동조합의 반대를 물리치고 프랑스 최대 국영기업체인 자동차회사 르노를 민영화하기로 결정했다. 나아가 이 민영화는 공산 중국의 정책으로 채택되었다. 뉴질랜드 노동당 정권은 이를 더욱 밀고 나가서 우편사업까지 민영화하려 한다.

플로리다 주에서는 구세군에게 초범인 죄수를 가석방하여 돌보게 하고 있다. 그 인원수는 2만 5천 명에 달한다. 오늘날에는 대도시를 포함해서 청소, 소방, 나아가 경찰업무까지 민간에 위탁하는 도시가 적지 않다.

이런 극적인 변화가 일어난 데는 세 가지 원인이 있다. 첫째, 제2차 세계대전 후 정부의 계획과 사업이 잇달아 실패하고 있다. 둘째, 세금징수와 세출로 할 수 있는 일에는 한계가 있다고 인식하게 되었다. 셋째, 정부의 세입증대에도 한계가 있다고 인식하게 되었다.

19세기에는 정부사업이 대부분 좋은 성과를 거두었다. 우편사업이 그 한 가지 예이다. 유럽에는 국유철도가 있고 독일 제국에는 건강보험제도가 있다. 오스트리아–헝가리 제국에는 1900년 전후에 시작된 노동자재해보상 보험제도가 있다. 소설가 프란츠 카프카는 이 보험국의 우수한 사무직원의 한 사람이었다.

그러나 유럽의 국유철도도 1986년 분할에 따른 민영화 이전의 일본

국유철도처럼 엄청난 적자에 시달리고 있다. 흐루시초프 이래 거의 열광적으로 계속되고 있는 소련 농업의 증산과 생산성 향상을 위한 노력은 정부의 전형적인 실패 사례가 되었다. 이에 비해 중국에서는 농업을 민영화한 이후 생산량이 급속히 늘고 생산성도 향상되었다.

택배사업을 하는 다국적기업 패더럴 익스프레스의 창립자이자 최고 경영책임자인 프레드 스미스는 파리에서 스위스로 진출하지 않는 이유를 묻자 '스위스만은 아직 정부의 우편사업이 성공하고 있기 때문이다'라고 대답했다. 팩시밀리는 지금까지 우체국이 무거운 종이를 먼 곳까지 힘과 시간을 들여 운반하던 정보를 전자적으로 매우 빨리 전달해준다. 그것이 미래의 우체국이다. 그러나 그것은 우체국이 발명한 것도 보급한 것도 아니다.

정부사업은 그것이 시작되기 무섭게 그리고 아마도 불가피하게 실업자들을 위한 (혹은 물러나는 정치인과 관료들을 위한) 일자리를 만들어내려고 한다. 미국 우체국의 흑인고용이 바로 그런 예이다. 정부사업은 이처럼 복수의 목적을 가지게 되면 그 순간부터 반드시 타락의 길로 들어선다.

정부사업은 독점적으로 진행될 때 비로소 유효하게 기능한다. 다른 방법, 즉 경쟁자가 있으면 정부사업은 유효하게 기능하지 못한다. 19세기 우편사업은 완전히 정부 독점사업이었다. 당시는 정보의 전달이든 화물과 사람의 수송이든 모두 국유우편이나 국유철도에 의존할 수밖에 없었다. 그러나 같은 서비스를 제공하는 다른 방법이 출현하면 정부사업은 지체없이 위기에 직면한다.

정부로서는 구실을 다한 업무를 포기하기가 매우 어렵다. 과거에 얽매여 시대에 뒤떨어진 것, 이미 생산적일 수 없는 것에 집착한다. 정부는 소기의 목적을 달성한 뒤에도 그 활동을 끝내 포기하지 못한다. 민간사업에는 청산, 매각, 해산이라는 절차가 있다. 그러나 정부활동은 영원히 계속된다. 정부활동은 본질상 상징적이고 성스러운 것으로 취급된다. 단순히 유용한 것, 목적을 위한 수단이 아니며 거룩하게 취급된다. 성과가 없어도 '다르게 하는 방법이 있지 않을까?'라는 의문은 제기되지 않는다.

가난하고 핍박받는 사람을 보호하고 구제하는 일은 정부가 당연히 해야 하는 일이고 정부 본래의 기능이다. 『구약성서』의 예언자들이 말했듯이 정부는 국민의 양치기, 즉 목자이다. 중세의 왕들도 대관식에서 백성의 어버이가 되겠다고 서약했다. 역사상 가장 크게 성공한 정부활동은 가난한 사람에게 도움의 손길을 뻗은 사업, 즉 19세기의 공공사업이었다. 그리하여 정부는 부유층의 독점물이던 하수도, 상수도, 수송수단, 학교, 의료를 가난한 사람에게도 나눠주었다. 이런 공공사업을 추진하기 위한 재정지출은 가난한 자도 웬만큼 살 수 있는 환경을 만들어주는 데 성공했다. 하지만 20세기에 들어와서 영세민의 사회적 환경을 바꾸기 위해 방대한 재정지출을 했지만 그 결과는 한결같이 실패로 끝났다.

# 세금과 파레토 법칙과 생산성

정부의 사회개혁 시도, 즉 세제에 따른 소득재분배는 이제 한순간도 집행유예를 주어서는 안 된다. 미국인 법학자 올리버 웬들 홈스^Oliver Wendell Holmes 판사는 '징세하는 권력은 파괴하는 권력이다'라는 말로 사람들의 기억에 남아 있다.

홈스 판사는 예부터 상식이었던 것을 간결하게 말했을 뿐이다. '빼앗기 위한' 재산몰수나 징벌 형태의 세금은 아득한 옛날부터 있었다. 그러나 홈스 판사 시대에는 세금은 '퍼주기 위해서도' 사용할 수 있다는 새로운 의견이 나타났다. 세금은 소득의 재분배, 특히 부자에게서 가난한 자에게 재분배하여 사회적 정의와 경제적 평등을 실현하기 위해 쓸 수 있다는 생각이다.

이런 생각은 20세기 초 독일의 경제사학자를 중심으로 한 강단사회주의자^academic socialists, Kathedersozialismus들이 처음 제창했다. 자본가의 착취도 마르크스주의의 계급투쟁도 인정할 수 없었던 그들은 제3의 길로 세제에 따른 소득재분배를 주장했다.*

'소득 재분배를 위한 세금 징수'라는 사상을 제1차 세계대전 전에 정부예산에 반영한 사람은 영국의 로이드 조지 수상이다. 제1차 세

---

*독일에서는 산업혁명이 진전되면서 노동자계급의 불만이 표면화되고 사회주의 세력이 고개를 들기 시작하자 역사학파 경제학자들이 사회정책학회를 발족시켰고 사회개량주의적인 시각에서 문제해결을 모색했다. 이들은 1870~1890년대에 이르는 제2제국의 시기, 다시 말해서 비스마르크의 사회주의 탄압과 회유정책이 병행되던 시기에 상아탑을 중심으로 눈부신 활약을 보였다. 강단사회주의에는 대략 3개 분파가 포함되어 있었다. 그 가운데 우파는 국가의 재정정책을 이용해 대자본의 이익을 제한하고 소득분배의 불공정을 수정한다는 국가사회주의적인 견해를 가졌고, 좌파는 노동조합 등 자주적 조직을 육성함으로써 노동조건과 생활수준의 향상을 도모했다. 슈몰러를 중심으로 한 중도파는 자작농과 중소상공인 등 신흥 중산층을 보호함으로써 첨예화된 계급대립을 완화하려고 노력했다.

계대전이 끝난 뒤인 1818년 후 전 세계의 정부가 이 정책을 채용했다. 한편 조지가 그 예산을 국회에 상정한 바로 그 무렵 이탈리아의 수리 경제학자 빌프레도 파레토가 오늘날 파레토 법칙으로 알려진 것을 완성했다. 파레토 법칙은 상위 20퍼센트가 80퍼센트의 부를 소유한다는 법칙이다. 품질관리 전문가 조지프 주란이 일반화했다. 파레토 지수는 분배의 불평등을 나타낸다.

파레토는 소득 분배에 관해 평생을 바쳐 연구한 결과 정부에 의한 소득재분배는 불가능하다는 결론을 내렸다. 그는 소득의 분배를 결정하는 것은 어디까지나 경제적 생산성이며 관습이나 가치관이 여기에 약간의 차이를 줄 뿐이라고 했다. 오늘날 역사의 모든 경험이 파레토 법칙이 옳다는 것을 증명하고 있다. 생산성이 낮으면 소득분배는 불평등하게 된다. 생산성이 높아져야 평등하게 된다.

이제 조지식 조세정책은 효과가 없다는 사실이 명백해지고 있다. 물론 세제는 소득과 재화를 이전시킨다. 조지가 추진한 재산세는 1900년 당시 영국의 부자와 귀족에게서 재산을 몰수했다. 그러나 그 제도는 그들의 부를 금융업자, 제조업자, 상인이라는 다른 부자들에게 옮겨가게 했을 뿐이다. 오늘날 영국의 소득이나 부의 분배가 당시보다 평등한 것은 생산성이 높아졌기 때문이다. 영국의 조세제도가 독일 조세제도보다 소득재분배 지향적인데도 소득이 평등하게 분배되지 않는 것은 영국의 생산성이 낮기 때문이다.

이제 세금 목적은 사회나 경제에 되도록 영향을 미치지 않고 국가의 세입을 보장하는 것이라는 옛날 생각으로 돌아갈 때가 왔다고 보는 것이다.

제1차 세계대전이 끝날 무렵 위대한 슘페터는『조세국가의 위기』를 발표했다. 슘페터는 제1차 세계대전의 경험에 비추어볼 때 전쟁 후의 재정과 정책은 전쟁 전과 크게 달라질 것으로 예측했다. 슘페터에 따르면 제1차 세계대전 전에는 절대적인 정부 따위는 존재하지 않고, 세금이든 차입금이든 정부가 조달하는 자금에는 한계가 있었다. 그것도 기껏해야 국민소득의 5퍼센트 정도였다. 그런데 제1차 세계대전 동안 모든 교전국이 매년 이 한계를 뛰어넘어 전비를 조달했다. 몇 년 후엔 오스트리아나 러시아 등 가난한 교전국일 경우 국민소득을 웃도는 돈을 전시국채를 발행해 조달하게 되었다.

슘페터는 그 결과 인플레이션 압력이 늘 있는 새로운 종류의 경제가 출현하리라고 예언했다. 더욱이 그 결과 정치구조의 기본이 무너지리라고 지적했다. 지난날에는 세입에 한계가 있었기 때문에 정치가는 항상 선택을 강요당했다. 그래서 요구를 거절할 필요가 있었다. 그러나 정부의 자금조달력에 한계가 사라지면 요구를 거절하기는 어렵다. 특히 사회적인 필요나 양심과 관련된 요청에 저항하는 것은 거의 불가능하다. 이렇게 정부의 자금조달능력이 자유방임됨으로써 소득의 흐름이 생산적인 부문인 재화를 낳는 생산설비나 새로운 기술에 대한 투자에서 소득재분배를 지향한 비생산적인 세출이라는 그릇된 방향으로 나아가게 된다.

슘페터가『조세국가의 위기』를 발표하고 20년이 지나서 콜린 클라크Colin Clark가 이 사실을 처음 지적했다. 그는 제2차 세계대전 직전에 정부가 불가항력적인 인플레이션 압력을 낳지 않고 국민총생산 내지 국민소득의 25퍼센트 이상을 거둬들이기는 불가능하다고 주장했다. 오늘날 클라크가 말한 것처럼 25퍼센트가 한계인지는 알 수 없다. 경험적으로 말하면 25퍼센트가 아니라 40퍼센트에 가까울지도 모른다. 그러나 그것이 어떻든 그런 한계가 있는 것만은 분명하다.

정부가 취하는 몫이 한계를 넘으면 경제가 흔들린다. 불황과 스태그플레이션이 생겨난다. 그렇지 않으면 격심한 인플레이션이 닥칠 것이다. 그리고 오늘날 일본을 제외한 모든 나라에서 정부지출을 그 이상 증대하면 위협과 고난이 닥치게 된다. 더욱이 정부가 이 한계를 넘어서 자금을 징수한다고 해도 실질적인 세수를 증대시키지 못할 수도 있다. 오히려 실질적인 세수가 줄어들 수도 있다.

아마도 35퍼센트에서 45퍼센트를 초과하게 되면 세금에 대해 매우 강력한 반란이 말없이 시작된다. 먼저 국민이 일을 하지 않는다. 소득이 늘어도 세금으로 빼앗겨버린다면 무엇을 위해 일할 것인가?

이탈리아의 경우 공식적인 실업률이 20퍼센트나 되는데도 과거 20년간 내내 노동력 부족에 시달리고 있다. 스페인도 사정은 마찬가지이다. 공식적인 실업률은 20퍼센트 이상이지만 개인 소비에 관한 통계를 보면 실제 실업률은 10퍼센트를 훨씬 밑돈다. 지하경제를 근절하거나 축소시키려고 해도 세율이 높으면 아무런 효과가 없다. 사실 모든 사람이 지하경제를 비난하지만 바로 그런 사람들이 스스로 지하경제에 참여할 뿐만 아니라 그것을 도덕적으로 정당하고 또 현명한 것으로 생각한다.

# 2. 지식이 핵심 생산요소이다

## 기술과 교육 그리고 지식이란 무엇인가?

중세의 대학을 바꾸어놓은 것은 르네상스가 아니었다. 인쇄된 교과서였다. '미디어는 메시지다'라는 맥클루언의 유명한 말은 분명히 과장되었다. 그러나 미디어는 어떤 메시지를 낼 수 있고 받아들일 수 있는지를 규정한다. 똑같이 중요한 것으로서 미디어는 어떤 메시지를 보낼 수 없고 따라서 받아들일 수 없는지 규정한다. 오늘날 미디어는 급속히 변화하고 있다. 인쇄된 교과서가 15세기 교육에서 하이테크였던 것처럼 20세기 교육에서 하이테크는 컴퓨터, 텔레비전, 비디오 등이다. 이런 새로운 기술은 학교나 학습법에 큰 영향을 준다.

15~16세기에는 인쇄된 교과서가 학교 교사들의 배척의 대상이었다. 인쇄된 교과서가 결정적으로 승리한 것은 17세기, 인쇄된 교과서

를 사용하여 예수회나 아모스 코메니우스가 근대적인 학교를 세웠을 때였다. 인쇄된 교과서는 학습법을 근본적으로 바꿨다. 그때까지 학습은 원본을 베끼거나 강의를 듣고 복창하는 것이었다. 그러다가 갑자기 교과서를 읽는 방법으로 학습하게 되었다. 우리는 지금 이와 같거나 훨씬 더 큰 교육혁명의 문턱에 있다.

서양에서 학습열을 일으킨 결정적인 사건은 르네상스, 즉 '고대의 재발견'이 아니었다. 애당초 고대는 상실된 적이 없다. 학습열을 불러일으킨 것은 인쇄된 교과서라는 당시의 신기술이었다. 컴퓨터는 인쇄된 교본보다 훨씬 더 사용자에게 친절하다.

인쇄된 교과서가 15세기에 등장했을 때 지식의 전달방법과 더불어 지식의 내용도 곧 크게 변했다. 학문의 세계에서는 인쇄된 것을 지식으로 정의한다. 그러나 지식이란 뭔가를 바꿀 수 있는 정보이다. 다시 말해 지식이란 인간 행동의 기초가 된다. 개인이나 사회적 기관이 어떤 성과를 거둘 수 있는 행동을 가능하게 하여 뭔가를 바꿀 수 있는 것이다. 그리하여 지식이란 뭔가를 바꾸는 것이라고 널리 인식되는 것만으로도 뭔가가 바뀌게 된다.

8세기경 베네딕토 수도사들이 새로운 에너지원을 발견했다. 그때까지 주된 에너지원은 발이 두 개인 동물, 즉 인간이었다. 쟁기는 농부의 아내가 끌었다. 그러나 말에 매는 목줄이 발명됨으로써 인류 역사상 처음으로 농부의 아내를 동물이 대체할 수 있게 되었다. 동시에 베네딕토 수도사들은 고대에는 장난감에 지나지 않았던 물레방아와 풍차를 기계로 바꾸었다. 그 후 200년도 안 되어 기술적인 주도

권은 중국에서 서양으로 옮겨갔다. 이런 변화는 반드시 기업가정신의 폭발을 초래한다.

첫 번째 기업가정신의 물결은 17세기 중반에서 18세기 초에 걸쳐 일어났다. 무거운 화물의 장거리운반을 가능하게 하는 외항 화물선이 발달하면서 외국무역이 엄청나게 증대된 상업혁명으로 방아쇠가 당겨졌다. 제2의 기업가정신의 물결은 18세기 중반에서 19세기 중반에 걸쳐서 일어났다. 오늘날 우리가 '산업혁명'이라고 일컫는 바로 그것이다. 제3의 물결은 1870년경 신산업으로 촉발되었다. 새로운 산업은 새로운 에너지원을 토대로 그때까지 전혀 또는 극소수밖에 생산하지 않았던 제품을 세상에 공급했다. 전력, 전화, 전기기기, 철강, 화학품, 의료품, 자동차, 항공기 등이 그것이다.

이제 우리는 정보와 생물학으로 시작된 제4의 기업가정신의 물결 속에 있다. 과거 기업가정신의 물결과 마찬가지로 이번 물결도 하이테크에 한정된 것은 아니다. 그것은 미들테크, 로테크, 노테크까지 포함한다.[*]

사회적 혁신은 기술적 혁신과 마찬가지로 기업가적이며 중요하다. 사실 산업혁명에 따른 사회적 혁신, 예컨대 근대적 군대, 공무원제도, 우편제도, 상업은행 등이 사회에 미치는 영향은 철도나 증기선의 발달이 미치는 영향과 마찬가지로 크다.

도시는 노동의 중심지가 아니라 정보의 중심지가 될 것이다. 말하자면 뉴스나 데이터나 음악 등 정보의 발진기지가 될 것이다. 대학은 학생

---

*1985년 『혁신과 기업가정신』 참조.

이 들락거리는 장소가 아니라 정보를 전달하는 지식 센터가 될 것이다.

# 역사 변동의 원동력은 지식이다

역사를 움직이는 원동력(추동력 또는 원인)은 무엇인가? 이 질문에 많은 학자가 다양하게 설명했다. 인류의 역사를 움직인 요소들은 많지만 개념적 차원에서 몇 가지 요인으로 설명한 사례를 제시하면 다음과 같다.

기독교 사관은 역사의 원동력이 '하나님의 계획'이라는 것이다. 중국의 일부 역사가는 '전쟁'을 역사발전의 원동력으로 본다. 지나간 역사를 살펴보면 개별 인간들은 역사를 지배했는가 또는 지배당했는가 하는 질문도 가능하다. 먼저 '개인'이 그 원동력이라고 주장하는 사람들이 있다. 예컨대 역사는 카이사르, 징기즈칸, 세종대왕, 나폴레옹 등 영웅의 활동으로 창조된다고 설명한다. 다시 말해 역사의 법칙이 개인을 지배하는 것이 아니라 개인(영웅)이 역사를 자신이 원하는 방향으로 이끈다는 주장이다. 이런 관점을 '영웅사관'이라 한다. 이에 대해 영웅은 사회 환경의 산물에 지나지 않으며 다수의 민중이 역사를 창조하고 움직인다는 역사관을 '민중사관'이라고 한다.

드러커가 깊이 연구한 알렉시스 드 토크빌Alexis de Tocqueville은 상아탑의 학자들에게 19세기의 위대한 역사가들 중 한 사람으로 널리 인정받는다. 그는 종교적 사명을 강조했다. 부르크하르트는 국가, 종교, 문화를 역사의 세 가지 잠재력으로 보고 움직이는 것(문화)이 고정된 두 잠재력(국가와 종교)에 미치는 작용을 관찰했다. 역사를 관찰하면 되풀이되는 것, 항상 있는 것, 전형적인 것으로 분류할 수 있다는 것이다. 아널드 조지프 토인비Arnold Joseph Toynbee는 문명이 각각 자기 앞에 놓인 장애(도전)를 극복(응전)함으로써 독특한 성격을 획득한다고 보았다.

최근의 주장으로 제임스 매클레런 3세James McClellan III와 해럴드 도른Herold Dorn은 『세계역사와 과학과 기술』에서 인류의 역사는 '기술'이 근본적인 추진력이라고 밝혔다. 특히 과학과 산업의 강한 연결을 산업혁명 이후 등장한 비교적 새로운 현상으로 기술했다. 캘리포니아 대학 데이비스 캠퍼스 경제학 교수 그레고리 클라크Gregory Clark는 왜 산업혁명이 유독 영국에서 일어났는지에 질문을 제기하고 그 해답을 '인구구조의 변화'에서 찾았다. 영국은 부유층의 출산율이 높았다. 그리고 부유층의 가치가 문화와 유전자에 반영되면서 사회 전반에 파급되었기 때문이라고 주장했다.

역사철학자들이 주장한 것들을 매우 단순화하는 오류를 범할 위험도 있지만 역사의 원동력은 크게 정신인지 물질인지 하는 관점, 즉 관념론과 유물론으로 분류할 수 있다. 헤겔은 역사의 원동력을 인간의 절대정신으로 보았다. 역사는 절대정신이 실현되는 과정이고, 절대정신은 역사를 이성적인 방향으로 나아가도록 한다고 주장했다. 이를 관념론적 역사관 또는 유심사관이라고 한다. 반면 마르크스는 이성

과 같은 정신적 활동이 아니라 물질적 활동, 즉 생산력*과 생산관계**
같은 경제적 이해관계가 역사를 일정한 방향으로 나아가도록 하는 원
동력이라고 주장했다. 유물론적 역사관 또는 유물사관이라고 한다.***

드러커는 1993년『자본주의 이후의 사회』에서 '지식의 의미 변화와
역할의 변화'라는 관점에서 역사 변동의 원동력을 설명했다.


# 지식에 기초한 전환기 : 13세기, 르네상스, 1776년, 20세기 후반

13세기 유럽은 지식에 기초한 전환기를 맞이했다. 유럽에는 갑작스럽
게 새로운 도시들이 생겨났다. 도시 길드가 새로운 지배적 사회집단
으로 등장하였다. 중세의 일부 도시들은 처음부터 군주에게서 자치
허가를 받아 설립되었거나 도시가 생기면서 곧 길드가 조직되었다. 도
시는 봉건군주의 자급자족적 장원과 달리 상공업과 수공업을 기반으
로 한다. 상공업이 쇠퇴하면 봉건영주나 교회 또는 국가에게 탈취되었
다. 따라서 먼저 상인들이 힘을 합해 배타적 이익집단을 형성했는데
이를 상인길드라고 불렀다. 그다음 동일 업종의 수공업자들이 수공업
자 길드를 만들고 기술을 보호하기 위해 수련공도제, apprentice, 기능공직

---

*총생산능력
**사회 구성원들 사이의 생산수단의 소유관계
***이 용어를 직접 사용한 사람은 엥겔스이다.

인, journey, 마스터장인, master라는 위계질서를 세워 서열화를 유지했다.[*]

십자군 전쟁 이래 중단되었던 멀리 떨어져 있는 도시들 사이의 교역이 다시 시작되었다. 고딕양식의 건축물이 새로 세워지고 도시에 거주하는 실용주의적 상인계급들이 등장하였다. 또 새로운 시에나 화파가 등장하였다. 시에나는 중부 이탈리아에 있는 도시로 중세 말기부터 르네상스에 이르기까지 번영하였다. 주로 적갈색이나 황색안료를 사용하여 섬세하고도 정서적인 제작기법을 보이는 시에나 화풍은 합리적이고 극적인 감동을 주는 피렌체 화파의 조형성과 대비되었다. 고대에서나 근대 초기의 유럽에서나 몇 세기 동안 회화는 확실히 누적적으로 발전하는 분야로 간주되었다. 그 기간에 화가의 목표는 묘사인 것처럼 생각되었다. 플리니Pliny the Yonger와 바자리Giorgio Vasari 같은 미술 비평가이자 역사학자들은 좀더 완벽하게 묘사할 수 있게 했던 명암법을 거쳐 원근법에서 나온 일련의 창안에 경의를 표하며 기록하였다. 그러나 과학과 예술 사이에 작은 틈이 느껴진 것 역시 그 시기로, 특히 르네상스 시대의 몇 해 동안이었다.

지혜의 원천으로서 아리스토텔레스를 재평가했다.[**] 도시의 대학들이 시골 수도원을 대신하여 문화의 중심지로 등장했다. 새로운 도시형 가톨릭 교단으로 도미니크 수도회와 프란체스코 수도회가 생겨났다. 이러한 수도회들은 신앙을 전파하는 것은 물론 지식과 영적 생활을 전파하였다. 그 후 수십 년 동안 라틴어로 된 성경은 자국어로 번

---

[*]길드는 프랑스혁명 때 국민회의의 길드 폐지법에 따라 사라지게 된다.
[**]토마스 아퀴나스 등

역되었다. 단테$^{Alighieri\ Dante}$는 유럽문학을 창작하였다.

1455년 구텐베르크가 활판인쇄술을 발명하고 책을 인쇄하게 된 때부터 루터가 종교개혁을 한 1517년에 이르는 60여 년간은 또 다른 전환기였다. 이 기간은 르네상스의 전성기로 1470년에서 1500년 사이 피렌체와 베네치아에서 절정을 이루었다. 피렌체를 비롯한 도시의 지식인과 예술가들은 고대 그리스와 로마를 다시 발견했다.[*] 콜럼버스는 1492년 신대륙을 발견했으며 레오나르도 다빈치$^{Leonardo\ da\ Vinci}$는 해부학을 재발견해 인체에 대한 과학적 의문을 제기했다. 서양세계에 아라비아 숫자가 전반적으로 보급되었다. 로마군단 이후 최강인 스페인 보병대가 한동안 위용을 떨쳤다. 다시 말해 1520년경에 산 사람들은 누구도 조부모들이 살았고 부모들이 태어난 세상을 상상할 수도 없었을 것이다.

르네상스 시대 이후 두 세기는 연속되었다. 그다음 역사의 전환은 상징적으로 1776년에 시작되었다. 이 해에 미국이 독립운동을 시작했고 제임스 와트가 증기기관을 완성했고 애덤 스미스가 『국부론』을 썼다. 이 전환은 40년 뒤 워털루 전쟁 때 종결되었다. 이 40년 동안 산업혁명, 자본주의, 공산주의 등 각종 '주의'가 탄생하였다.

이 기간에 현대적 대학(베를린대학, 1809)이 설립되었고 학교교육이 보편화되기 시작하였다. 또 다른 특기할 사항은 유대인 해방이다. 1815년경 로트실트$^{Rothschild}$[**]는 유럽의 왕들과 군주들보다 더 빛

---

[*]르네상스라는 말 자체가 고대 그리스 로마를 되살렸다는 의미이다.
[**]로스차일드, Meyer A Rothshild의 아들들

나는 존재가 되었다. 사실상 이 40년 동안 새로운 유럽 문명이 창조된 것이다. 한 번 더, 1820년경에 산 사람들은 누구도 조부모들이 살았고 부모들이 태어난 40년 전의 세상을 상상도 할 수 없었던 것이다.

1776년부터 200년이 지난 20세기 후반 시대는 또 하나의 전환의 시대이다. 그러나 이번의 전환은 지금까지와는 달리 서양사회와 서양역사에만 국한된 것이 아니다. 진실로 이제는 '서양의 역사'라든지 '서양의 문명'이 따로 없게 되는 근본적인 변화이다. 이제는 다만 '세계역사'와 '세계문명' 그리고 '서구화된 것'만 있을 뿐이다.

드러커는 20세기 후반의 전환이 비서구 국가인 일본이 1960년경 처음 초경제강국으로 등장하면서부터인지, 컴퓨터가 정보화의 중심이 되면서부터인지는 논의의 여지가 있다고 전제했다. 그러면서 제2차 세계대전에 참전했다가 돌아오는 모든 미군병사에게 대학교육*을 받게 한 제대군인원호법 때문에 시작되었다고 보았다. 제대군인들에게 열광적으로 환영받은 이 법은 지식사회로의 이동을 예고하였다. 미래의 역사학자들은 제대군인원호법이 통과된 것을 20세기의 가장 중요한 사건으로 꼽아야 할지도 모른다.

만약 과거의 역사가 하나의 지침이 된다면 지금의 전환은 2010년이나 2020년까지는 완료되지 않을 것이다. 그 기간에 우리가 확신할 수 있는 것 가운데 하나는 현재의 가치, 신념, 사회적·경제적 구조, 정치적 개념과 시스템 그리고 도덕적 관점과 세계관을 재조정하여 나타나는 새로운 세상은 오늘날 어느 누가 상상하는 그 무엇과도 다를 것

---

*제1차 세계대전 말경인 30년 전만 하더라도 이것은 전혀 의미가 없다.

이라는 점이다. 새로운 사회가 '비사회주의 사회'이고 '자본주의 이후 사회'라는 것은 확실하다. 우리는 지금 말의 진정한 의미대로 그러한 전환의 시대를 살고 있다. 자본주의 이후 사회를 만들고 있다. 되풀이 하거니와 1990년대에 태어난 아이들은 조부모들(드러커의 세대)이 자랐고 부모들이 태어난 세상을 전혀 상상하지 못할 것이다.

## 지식의 의미와 역할의 변화 3단계

1750년 이전에는 서양에서도 동양에서도 지식은 항상 '존재being'에 적용되는 것으로 생각되었다.* 고대 서양의 경우, 소크라테스를 비롯한 그리스의 철학자들은 지식의 유일한 기능은 자기 자신을 아는 것이라고 했다. 한 인간을 지적·도덕적·정신적으로 성장시키는 것을 지식의 기능이라고 생각했다.

소크라테스Socrates에 필적할 철학자 프로타고라스Protagoras와 소피스트들은 지식의 목적은 '무엇을 어떻게 말해야 하는지 알게 하여 자신의 목적을 달성하게 하는 것'이라고 생각했고 '인간은 만물의 척도이다'라고 주장했다. 요컨대 지식은 논리이고 문법이고 수사학이었다. 나중에 중세 학문연구의 핵심인 삼학과 7자유학문Septem artes liberales** 으로 발전했다.

---

*간단히 말해 지식의 의미는 자기수양과 체념의 도구였다.
**문법, 수사, 논리, 산수, 기하, 음악, 천문

소크라테스와 프로타고라스는 지식의 정의는 서로 다르게 내렸다. 하지만 지식이 무엇을 만들고 운반하고 보관하는 데 소용되는 것, 즉 삶의 수준을 높이기 위해 무엇을 할 수 있는 실용적인 능력ability to do이 아니라는 데는 의견을 같이 했다. 실용적인 것은 지식이 아니라 하나의 기능으로 그리스어로는 'techne테크네'이다. 테크네는 자연을 가공하는 장인의 기술을 의미했다.

고대 동양에서도 지식에 관해 거의 비슷한 두 가지 이론이 있었다. 노자老子를 비롯한 도가道家와 선승禪僧들에게 지식은 '자기 자신을 아는 것'이고 깨달음과 지혜에 이르는 길이었다. 노자 『도덕경』 1장의 첫 문장은 '말로 표현할 수 있는 도는 참된 도가 아니다'로 시작하고, 38장의 첫 문장은 '최상의 덕은 스스로 덕이 있다고 여기지 않으니 이 때문에 덕이 있는 것이다'로 시작한다.

같은 무렵 공자를 비롯한 유학자에게 지식은 '자신이 무엇을 말해야 하는지, 그리고 그것을 어떻게 말해야 하는지 알고 입신양명하여 세속적으로 출세하는 방법을 익히는 것'이었다. 『논어』 「자장子張」 편에서는 이를 '이미 관직에 나아간 자가 일을 훌륭하게 해내려면 계속 배워야 하고 배우는 자가 뛰어나면 관직에 나아간다仕而優則學, 學而優則仕'라고 표현했다. 유학에서 가르치는 6예*는 중세의 7자유학문과 유사하다.

이와 같이 도가와 유학자의 의견은 지식이 무엇인지에 대해 극명하게 달랐지만 지식이 의미하지 않는 것이 무엇인지에 대해서는 완전

---

*六藝. 禮, 樂, 射, 御, 書, 數

히 일치했다. 지식은 실용적인 것, 즉 무엇을 만들어 인간의 생활수준을 높이는 것이 아니었다. 요컨대 지식의 의미는 '자기 자신을 알고 자기 자신을 표현하는 것'이었다. 지식은 오직 '인간의 내면'과 '존재'에 적용되었다.

1750년경까지 '존재'에 적용되는 것으로 인식된 지식knowledge seen as applying to being이 갑자기 '행동'에 적용되었다. 지식 자체가 자원이자 실용이 되었다. 지식의 의미에 대한 근본적인 변화, 즉 '지식에 대한 패러다임의 변화' 또는 지식 패러다임의 이동으로 촉진되었다. 다시 말해 과거에 지식은 언제나 사유재산이었고 자기수양의 도구였다. 1750년경 어느 한순간에, 지식은 공공재산이 되어 보편적인 것이 되었다. 지식에 대한 패러다임의 변화, 즉 지식의 의미변화와 적용변화(이하 지식 패러다임 이동)는 지금까지 3단계를 거치고 있다.

지식 패러다임 이동의 첫 번째 단계는 1750~1880년 사이 130년 동안이다. 지식이 작업도구와 제조공정과 제품에 적용되어 자본생산성을 크게 향상시켰다. 그런 시대를 일반 역사에서는 산업혁명이라고 한다. 그러나 지식의 의미변화의 첫 번째 단계에서 마르크스가 말하는 '노동의 소외'와 '새로운 계급의 등장'과 '계급투쟁' 그리고 궁극적으로는 공산주의가 잉태되었다.

두 번째 단계는 1880~1950년 사이 70년 동안이다. 지식이 작업 자체에 적용되어 노동생산성을 크게 향상시켰다. 1881년 테일러는 일하는 과정에 과학적 관리법(작업연구, 작업분석, 시간연구 등)을 적용하였고 제2차 세계대전 무렵 노동생산성은 절정에 이르렀다. 그로써 생산성혁명은 70여 년 만에 프롤레타리아를 거의 부르주아로 바꾸어 놓았다. 그리하여 생산성혁명은 계급투쟁과 공산주의를 패배시켰다.

세 번째 단계는 제2차 세계대전이 이후 시작되었다. 1944년 미국의 제대군인원호법 이후 고등교육을 받은 지식근로자들이 노동력의 중심이 되었다. 컴퓨터와 인터넷 등을 도구로 지식근로자는 지식을 다른 지식에 적용하여 지식생산성을 높이고 있다. 바로 경영혁명이다.

# 전환기의 관찰자

1455~1517년 사이의 전환기, 즉 중세와 르네상스를 근대로 바꾼 전환기를 이해하기 위한 최초의 성공적인 시도는 전환기 끝 무렵에 나타났다. 1510년에서 1514년 사이 코페르니쿠스가 발표한 태양중심설에 관한 소책자들, 마키아벨리<sup>Niccol Machiavelli</sup>가 1513년 출판한 『군주론』, 1510년에서 1512년 사이 르네상스의 모든 예술을 종합하여 초월한 미켈란젤로의 시스틴 채플의 천장벽화, 1550년대에 있었던 트렌트 공의회*를 통한 가톨릭교회의 재건 등이 새로운 전환의 시대를 이해하고 적응하려는 시도였다.

그다음 전환기를 이해하려는 시도, 즉 1776년 미국 독립운동과 산업혁명에 자극받아 일어난 전환은 1815년 전환기가 종료되고도 20여 년이 지나서야 처음으로 이해되었고 분석되었다. 대표적인 것이 토크

---

*Concilio di Trento, 1545~1563년 사이 이탈리아 북부 트렌트에서 열린 가톨릭교회의 공의회로 종교개혁자들에게 지적당한 폐습을 개혁하고 근대 가톨릭교회의 입장을 공고히 하였다.

빌이 1835년과 1840년에 각각 발표한 두 권으로 된『미국의 민주주의』이다. 산업사회 초기에는 기술과 자본주의 둘 다 저항을 받았다. 영국과 독일에서는 폭동이 일어났다. 1830년경 프랑스 자본주의 사회의 추악한 단면을 묘사한 발자크Honore de Balzac의 소설들은 베스트셀러가 되었다. 그리고 그로부터 15년이 지난 후 영국에서 자본가와 프롤레타리아 계급, 공장생산 시스템, 기계 등은 찰스 디킨스Charles Dickens의 후기 소설의 중심 배경이 되었다.

그다음 전환기인 20세기 후반에 대한 이해는 드러커의 몫이었다. 『새로운 현실』『자본주의 이후의 사회』『넥스트 소사이어티』 등이 그런 역할을 한다. 드러커는 1993년『자본주의 이후의 사회』에서 이렇게 서술했다.

"우리는 자본주의 시대와 주권국가의 사회적·경제적·정치적 역사를 재검토하고 수정해야 하는 새로운 '자본주의 이후 사회' 속으로 충분히 들어왔다. '자본주의 이후의 사회' 모습을 예측하는 것은 위험스러운 일이다. 그렇지만 우리는 어떤 새로운 물음이 제기될 것인지 그리고 어디에 커다란 새로운 문제점이 놓여 있을지에 대하여 벌써 어느 정도 높은 확률을 가지고 발견할 수 있다고 생각한다. 하지만 대부분의 질문에 대한 '해답'은 여전히 '미래라고 하는 자궁' 속에 깊숙이 숨겨져 있을 것이다."

자본주의 사회는 두 사회계급이 지배하고 있다. 하나는 생산수단을 소유하고 통제하는 '자본가계급'이다. 다른 하나는 '노동자계급', 즉 '프롤레타리아'는 소외되고 착취당하고 의존적인 사람들이다. 전통적인 의미의 자본가계급은 '전문경영자'로 대체되었다. 자본가들과 프롤레타리아들을 대신하는 '자본주의 이후 사회'의 계급들은 '지식근로자knowledge worker'와 '서비스근로자service worker'이다.*

과거 프롤레타리아라고 불리던 사람들은 '생산성 혁명'을 한 결과 지금은 중산층이 되었다. 한편으로 제조업 근로자들은 여전히 '노동'을 제공하고는 있지만 더는 '프롤레타리아'가 아니다. 오늘날 그들은 투표로 모든 선진국의 정치와 사회를 지배하고 있다. 다른 한편으로 제조업체의 블루칼라들은 수적으로는 물론이고 권력과 사회적 지위를 더욱더 빠른 속도로 상실하고 있다.

정치에도 우리는 400여 년 전부터 계속되어온 주권국민국가에서 다원주의 사회, 즉 주권국가가 유일한 정치적 통합체가 아니라 다원사회의 한 요소가 되는 사회로 이미 들어섰다. 주권국가는 비록 여전히 하나의 핵심요소이지만 탈자본주의 정치체제의 하나의 요소에 지나지 않게 될 것이다. '자본주의 이후 정치체제'에는 범국제적 조직, 지역적 조직, 주권국가와 지방정부, 종족적 조직 그리고 각종 여러 조직이 서로 경쟁하고 공존한다. 이런 일들은 벌써 일어나고 있다.

'시장'은 경제적 활동의 효과적인 통합자로 남아 있을 것이다. 그러나 선진국 사회는 빠른 속도로 '새로운 계급들'의 사회다. 사회의 핵심으로서 '새로운 자원', 즉 '지식'을 가진 사회로 변하고 있다.

국민국가가 시들고 있는 것은 아니다. 국민국가는 앞으로도 가장

---

*드러커는 laborer와 worker를 구분하여 사용하므로 지식노동자와 서비스노동자 대신에 지식근로자와 서비스근로자로 번역했다.

강력한 정치적 기관으로 남아 있을지도 모른다. 그러나 국민국가는 이제 더는 절대 필수불가결한 것은 아니다. 국민국가는 국가의 다른 공공기관들, 다른 기구들 그리고 다른 정책수립가들과 권력을 점점 더 나누어가질 것이다. 그러면 국민국가의 영역으로 남는 것은 무엇일까? 자치기구로서 국가 안에서 수행되는 것은 무엇인가? '초국가적'이란 무엇인가? '범국제적'이란 무엇인가? 앞으로 인권을 감시하고 그것을 강요할 수 있는 범국제적 기관도 필요하다.

지미 카터는 대통령직에 있던 1970년대에 분명히 그러한 기관의 설립을 지지했다. 그러한 기관이 실질적으로 초래할 수 있는 위협은 범국제적 조치가 인종적·종교적·정치적·민족적 박해를 막지 못하면 선진국들은 밀려드는 수백만 명의 피난민 홍수 속에 침몰돼버릴지도 모른다는 것이다. 선진국들은 제3세계의 성장에도 관심을 가져야 한다. 제3세계가 경제적으로나 사회적으로나 빠르게 성장해야 한다. 그렇지 않으면 선진국들은 제3세계에서 밀려오는, 그들의 경제적·사회적·문화적 능력으로는 도저히 감당할 수 없는 제3세계에서 밀려오는 인간 홍수에 침몰되고 말 것이다.

전 지구적 온난화도 범국제적 문제이다. 앨버트 고어<sup>Albert Arnold Gore, Jr</sup> 전 미국 부통령은 지구 환경문제에 관심이 많아 1997년 기후변화에 관한 교토의정서의 창설을 주도하고 온실가스배출 최소화와 국립공원 확대조치를 이끌어냈다.

# 국가는 민족별 · 지역별로 분리될 것이다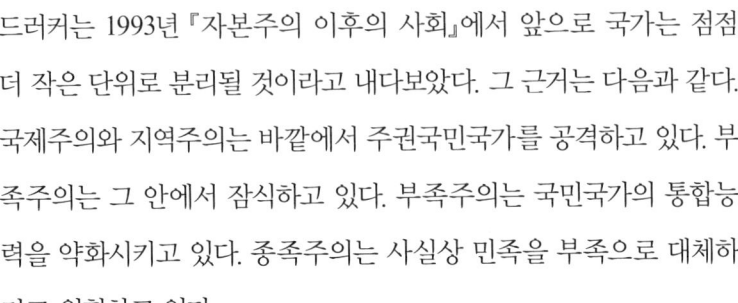

드러커는 1993년 『자본주의 이후의 사회』에서 앞으로 국가는 점점 더 작은 단위로 분리될 것이라고 내다보았다. 그 근거는 다음과 같다. 국제주의와 지역주의는 바깥에서 주권국민국가를 공격하고 있다. 부족주의는 그 안에서 잠식하고 있다. 부족주의는 국민국가의 통합능력을 약화시키고 있다. 종족주의는 사실상 민족을 부족으로 대체하려고 위협하고 있다.

미국에서 부족주의는 통합되고 있다기보다 점점 더 다양화되는 현상을 보이고 있다. 미국은 영원히 이민국가이다. 모든 이민집단은 처음에는 '외국인'으로 간주되었다. 이민집단은 두 세대가 지난 뒤 1830년대와 1840년대 아일랜드계를 시작으로 '주류'가 될 때까지 서로 차별했다. 미국은 '용광로'였다.

지금 미국에서는 다양성이 강조되고 또 실현되고 있다. 새로운 집단을 '미국인'으로 만들려는 시도는 '차별'로 간주되고 있다. 겨우 60년 전만 하더라도 어떤 집단이 '미국인'이 되는 것을 막으려고 시도하는 것이 차별이었는데 말이다. 새로운 집단이 유럽인이든, 아시아인이든, 흑인이든, 황인종이든, 백인이든, 가톨릭 신자이든, 불교 신자이든, 그들이 지금 강조하는 것은 정체성을 유지하는 것이 '미국인'이 되라는 권장조차 거부하고 있다.

유럽에서 부족주의는 더욱더 만연하고 있다. 그것은 유고슬라비아를 피비린내 나는 내전으로 갈가리 찢어놓았다. 스코틀랜드는 대영제국에서 분리되기를 원하고 있다. 소규모 국가 벨기에마저도 플레미시

Flemish족과 프랑스말을 사용하는 왈룬Walloons족의 갈등으로 분열되고 있다. 부족주의는 세계적인 현상으로 나타나고 있다. 캐나다는 20세기를 견뎌낼지 아니면 두 쪽으로 갈라질지 모른다. 영어를 쓰는 지역과 프랑스어를 쓰는 지역으로 말이다. 혹은 프랑스어권의 퀘벡, 영어권의 온타리오와 마니토바, 중부 평원의 주들 그리고 브리티시 컬럼비아 4부분으로 쪼개질지도 모른다.*

부족주의가 발생하는 하나의 이유는 크다는 것 자체가 이점을 많이 제공하는 것이 아니기 때문이다. 핵전쟁시대에는 가장 큰 나라라 할지라도 국민을 보호할 수 없다. 가장 작은 나라**도 무서운 군사력을 구축할 수 있다. 돈과 정보가 범국제화되자 가장 작은 단위의 국가마저도 경제적으로 생존이 가능하게 된 것이다. 크든 작든 모든 나라가 똑같이 같은 조건으로 돈과 정보에 접근할 수 있다. 사실 지난 30년간의 진정한 '성공사례'는 작은 국가들에서 볼 수 있다. 핀란드, 스웨덴, 스위스도 성공적이다. 홍콩과 싱가포르는 더욱 잘하고 있다. 1940년 스탈린이 병합한 발틱 3국의 열정적 민족주의자들은 20년 전만 해도 그들의 국가가 경제적으로 자립한다는 것을 믿지 않았다. 지금은 그것을 믿지 않는 사람이 없다. 작은 나라들은 경제지역에 가입할 수 있게 되었다. 그리하여 두 세계의 최대 이점, 즉 문화적·정치적으로는 독립하면서 경제적으로는 통합하는 이점을 누릴 수 있게 되었다.

---

*동쪽 해안에 있는 지역들은? 코르시카와 브리타니는 프랑스령으로 남아 있을까? 핀란드 북부의 랩족과 북부 스웨덴은 자치권을 얻을 것인가? 멕시코는 통일을 유지할 것인가? 혹은 남쪽의 원주민들이 북쪽의 스페인계와 갈라설 것인가? 예를 들자면 끝이 없다.
**이스라엘이 적절한 예이다.

부족주의가 나타나게 된 주된 이유는 정치적인 것도 경제적인 것도 아니다. 그것은 존재에 관한 것이다. 지구촌에 사는 사람들은 뿌리가 필요하다. 그들은 공동체를 필요로 한다. 스페인의 모든 교육받은 사람들은 카스틸리아어*를 알고 있다. 그러나 스페인 사람들이 학교와 집 그리고 사무실에서마저도 점점 더 카탈로니아어나 바스크어, 갈리시아어, 안달루시아어를 사용하고 있다. 그들이 구매하는 제품들은 국산일 수도 있고 일제일 수도 있고 미제일 수도 있다. 그들은 국민국가 안에서 생활하는 것이 아니라 점점 더 범국제화된 세계에서 살고 있다. 그러나 그들은 지역적 뿌리를 더욱 필요로 한다. 그들은 지역사회에 속하기를 바란다. 그들은 케케묵은 표현으로 '손바닥 들여다보듯 빤한' 지역사회를 필요로 하는 것이다.

『자본주의 이후의 사회』가 나오고 17년 후인 2010년 6월 13일 치러진 벨기에 총선에서 북부 플랑드르 지역의 분리를 주장하는 '새 플레미시 연대N-VA'가 제1당을 차지했다. 새 플레미시 연대는 지역정부의 자치권 확대를 통한 단계적 언어권역 분리와 벨기에 연방 해체를 주장했다.

1943년 요시프 브로즈 티토는 '유고슬라비아 사회주의 연방공화국'을 출범했다. 티토는 그날 이렇게 연설했다.

"누구도 누가 세르비아 사람인지, 크로아티아 사람인지, 또는 이슬람을 믿는 사람인지, 정교회나 가톨릭을 믿는 사람인지 물어서는 안 된다. 우리가 통합하지 않고는 어떤 공화국도 홀로 설 수 없다. 따

---

*다른 나라 사람들은 스페인어라고 한다.

라서 우리는 우리 역사 통일 유고슬라비아의 역사를 세워야 하고 미래에도 그래야만 한다."

그러나 티토의 말은 틀렸다. 1980년 티토가 죽자 발칸반도에는 '민족통합'이라는 말 대신에 '소수 민족'이 부각되었다. 1991년 크로아티아와 슬로베니아가 독립을 선언했다. 2010년 7월 22일 헤이그 국제사법재판소는 코소보가 세르비아로부터 독립한 것은 합법이라고 판결했다. 유고슬라비아는 지금 7개 나라로 분리되었다.

2009년 11월 10일 200여 명의 시위대가 영국 찰스 왕세자의 캐나다 퀘벡 주 방문을 반대하는 집회를 열었다. 퀘벡 주는 프랑스계 주민이 인구의 80퍼센트를 차지하는 지역이다. 1995년 분리찬반 투표에서 95퍼센트 투표율에 49.2퍼센트 찬성률을 보였을 정도로 주민 간 대립이 상존한다. 스페인 헌법재판소가 카탈루냐 자치 지위를 부정함에 따라 2010년 7월 10일, 100만 명의 카탈로니아인이 바르셀로나 거리에서 시위를 했다. 앞으로 중국과 한국은 어떻게 될까?

# 3. 이미 일어난 미래

## 미래는 지금 만들어라

드러커는 통찰력 있는 글을 많이 쓰면서 자신이 사용한 분석 프레임이나 미래를 전망하는 기본적 얼개를 제시했다. 우선 역사를 '연속과 변화'라는 관점에서 분석했고 수백 년마다 한 번씩 일어나는 '역사의 경계'라는 개념을 도입했다. 그리고 '지식'이 역사 변동의 원동력이라는 관점에서 역사발전을 3단계로 구분했다.

드러커의 말 가운데 미국의 CEO들이 가장 빈번하게 인용하는 것이 '미래를 예측하는 가장 좋은 방법은 그 미래를 만들어 버리는것이다'*이다. 1964년 드러커는 『창조하는 경영자Managing for Results : Economic Tasks and Risk-Taking Decisions』 「제11장 미래는 지금 만들어라Making the future

---

**The best way to predict the future is invent/create it

today」에서 주로 기업경영과 관련된 미래에 대해 분석하는 방법을 처음으로 제시했다.

미래에 관해 우리는 오직 두 가지만 알고 있다.

첫째, 미래는 알 수 없다.

둘째, 미래는 지금 존재하는 것과도 그리고 우리가 지금 기대하는 것과도 다를 것이다. 이런 명제들은 특별히 새로운 것도 놀라운 것도 아니다.

그러나 그것들은 중대한 의미를 품고 있다.

첫째, 오늘날의 행동과 노력을 기초로 하여 '미래사건'의 예측을 시도하는 것은 헛수고에 불과하다. 우리가 기대할 수 있는 최선의 것은, '이미 발생하여 돌이킬 수 없는 사건들이 미래에 미치는 영향이 무엇인지' 추론해보는 것이다.

둘째, 그러나 정확히 말해 미래는 다르고 예측할 수 없다는 이유 때문에 예상치 못한 것, 그리고 예측하지 못한 것들이 일어나도록 하는 것은 가능하다. 미래가 현실로 나타나도록 시도하는 것은 위험하다. 그러나 그것은 합리적인 행동이다. 그리고 그것은 아무것도 변하지 않는다는 따뜻한 가정을 믿는 것보다는 훨씬 덜 위험하고 '무엇이 분명 일어나야 한다'거나 무엇이 '가장 확률이 높다'거나 하는 식의 예언을 따르는 것보다는 훨씬 덜 위험하다.

지난 10년 또는 20년 동안 기업은 '미래를 만드는 작업'을 체계적으로 연구할 필요성을 인정했다. 그러나 기업의 장기계획은 위험과 불확실성을 제거하려는 목표까지 세우지는 않는다. 그리고 세울 수도 없다. 그것은 수명이 유한한 인간에게 허용된 것이 아니다. 오직 인간이 시도할 수 있는 것은 관련된 위험을 파악하고 때로는 의도적으로 그런 위험을 만들고 불확실성을 활용하는 것뿐이다. 미래를 만들기 위해 노력하는 목적은 내일 무엇을 해야 할지 결정하려는 것이 아니라 (기업이 계속 생존하고 번영하는) 내일이 있다는 것을 보장받기 위해 오늘 무엇을 해야 할지 결정하는 것이다.

현재의 자원을 알려지지 않았고 알 수도 없는 미래에 의도적으로 투입하는 것이 세이Jean Baptiste Say가 말한 기업가entrepreneur의 고유한 기능이다. 세이는 18세기 프랑스의 위대한 경제학자로 1800년경에 기업가라는 용어를 만들었다. 그는 이 용어를 비생산적 과거(예컨대 한계 토지)에 묶여 있는 자본을 끄집어내어 그것을 남다른 미래를 만들기 위해 위험을 무릅쓰고 투자하는 사람을 설명하기 위해 사용했다. 무역에 초점을 맞춘 스미스 같은 영국의 경제학자들은 효율성을 경제의 중심적 기능으로 보았다. 그러나 세이가 위험을 추구하고 또 오늘과 내일 사이의 불연속을 이용하는 것이 부를 증가시키는 경제활동이라고 강조한 것은 옳은 일이었다.

지금 우리는 (세이가 말한 미래에 투자하는) 그런 작업을 체계적으로 추진하는 방법과 그런 작업의 방향을 잡고 통제하는 방법을 천천히 배우고 있다. 우선, 비록 상호보완적이지만 두 가지 다른 접근방법이 있다는 사실을 인식하고 출발해야 한다.

첫째, 경제와 사회에서 단절 현상이 최초로 관찰되는 시점과 그로써 초래된 결과가 확실히 드러나는 시점의 시간적 차이를 파악하고

활용하는 것이다. 이를 '이미 일어난 미래에 대한 예상'*이라고 명명
해도 좋다.

둘째, 다가올 미래의 방향과 모습을 결정할 새로운 이상적인 미래를
'아직 현실로 나타나지 않은 미래'**에 투영하는 것이다. 이를 '미래가
실현되도록 하기'***로 명명해도 좋다.


# 이미 일어난 미래는 잠재적 기회이다

주요한 사회적·경제적·문화적 사건들이 발생한 뒤 그 사건들의 영향
이 뚜렷해지기까지는 시간차가 발생한다. 출산율의 급등락은 그 뒤
15년 또는 20년 동안은 가용 노동력 규모에 별 영향을 미치지 않을
것이다. 그러나 변화는 이미 일어났다. 파괴적 전쟁, 기근, 전염병 같
은 대재난만이 그것이 내일에 미칠 영향을 막을 수 있을 것이다. 이
런 것들은 '이미 일어난 미래'이므로 기회로 활용할 수 있다. 그러므
로 그것들은 '잠재적 기회'라고 할 수 있다.

하지만 이미 일어난 미래가 제공하는 잠재력은 현재의 기업 내부
에서 일어난 것이 아니다. 그것은 외부에서 발생한 것이다. 그것은 사
회, 지식, 문화, 경제구조에서 발생한 변화이다. 게다가 그것은 추세

---

*anticipation of a future that has already happened
**unborn future
***making the future happen

(또는 동향)라기보다는 주요한 변화이고 원형原型, pattern을 바꾸지 않는 부분적 변형이 아니라 원형의 파괴이다. 물론 그런 변화를 예상해 자원을 투입하는 것은 상당히 불확실하고 또 큰 위험을 감수해야 한다. 그러나 위험은 한정적이다. 우리는 그 영향이 얼마나 빨리 확산될지 알 수 없다. 하지만 그것이 일어날 것이라는 점은 확언할 수 있다. 그리고 우리는 그것을 실제로 활용할 수 있을 정도로 묘사할 수 있다.

출산율의 변화가 노동력에 주는 영향에는 우리가 예상할 수 없는 일들이 매우 많다. 예컨대 여성 인구의 몇 퍼센트가 경제활동에 참여할지, 오늘날 젊은이들 중 몇 퍼센트가 14세에서 16세 사이의 의무교육을 마친 후에도 학업을 계속할지, 미래의 직업은 어떤 것일지, 일자리는 얼마나 많을지 등 예를 들자면 끝이 없다. 그러나 다음과 같은 것은 확실히 말할 수 있다.

"우리나라 인구가 5천만 명인데 인구증가율이 1퍼센트라면 50만 명이 지금부터 20년이나 25년 후 우리나라가 보유할 노동력의 최대 숫자이다. 그때 노동력의 일원이 되려면 지금은 세상에 태어났어야 하니까 말이다."

마찬가지로 다음과 같은 말도 확실히 할 수 있다.

"지난 세대에 남미가 농촌사회에서 도시사회로 변했다는 것은 사실이다. 그리고 그런 사실은 장기간 영향을 미칠 것이다."

어떤 분야의 기본적 지식이 지금부터 10년이나 15년 후에 우리에게 실제로 유용하게 쓰이려면 그 지식은 지금 존재해야만 한다. 주요한 문화적 변화 역시 꽤 오랫동안 영향력을 발휘한다. 그것은 아주 사소하지만 전파력이 가장 큰 문화적 변화에는 각별히 진실이다. 즉 의식이 변화하는 것 말이다. 저개발국들이 급속한 경제발전에 성공할 수 있을 것이라고 결코 단정할 수 없다. 그 반대로 소수 국가들만이 성공할 가능성이 있다. 성공한다 해도 이들 국가는 어려운 시기를 거쳐야 하고 심각한 위기도 겪게 될 것이 분명하다. 그러나 남미, 아시아, 아프리카의 주민들이 경제발전의 가능성을 알게 되었다는 것, 그리고 그들이 경제발전과 그 성과에 관심을 갖는다는 것은 사실이다. 이들 국가들이 제 힘으로는 공업화에 성공하지 못할지도 모른다. 그러나 그들은 적어도 그들 역사에서 전례가 없을 정도로 긴 기간 공업발전에 우선순위를 부여할 것이다. 그리고 그간의 어려운 시기는 공업발전의 가능성과 필요성에 대한 그들의 의식을 더욱 강화하는 계기가 될지도 모른다.

산업구조와 마케팅 구조 역시 그 미래가 이미 일어난 영역이 아닌지 모르겠다. 그 영향이 아직은 드러나지 않았지만 말이다. 자유세계 경제는 경제민족주의와 보호주의 때문에 다시 붕괴할지도 모른다. 1950년대와 1960년대 진정한 의미의 국제경제를 향한 거대한 운동의 범위와 영향은 너무도 심각하게 압박을 가하고 긴장을 야기했기 때문에 예컨대 과보호를 받고 있는 농민이 정치적으로 압력을 가한 결과 심각한 반동이 일어날 가능성이 있다. 그러나 국제경제의 존재 필요성과 범위에 대해 기업인의 의식은 항상 깨어 있어야만 한다.

지금까지 설명한 사례는 의도적으로 그랬지만 규모가 큰 것들이었다. 그러나 그보다 훨씬 더 규모가 작은 변화도 오늘날 영위하는 사업의 미래가 어떻지 예상하는 기회를 준다. 사회적·문화적 관습상 상당히 작은 변화였는데도 그런 기회를 창출한 하나의 사례로는 제2차 세계대전 중 미국 젊은이들의 전화 사용법 변화를 들 수 있다.

　그전까지 장거리전화를 사용하는 것은 미국에서 일반적인 것이 아니었다. 장거리전화는 오직 비상사태가 발생했을 때만 사용했다. 하지만 전쟁 중 군에 복무하는 사람들은 장거리전화로 가족에게 안부를 묻는 것이 장려되었다. 그 결과 장거리전화는 좀더 젊은 전쟁 세대에게는 일반적인 행동이 되었다. 그러나 참전했던 젊은이들이 1944년 제대한 후 귀국하여 가장이 되고 새로운 장거리전화 사용습관이 미국 인구의 일반적인 전화 사용습관으로 바뀌기까지는 꽤나 많은 세월이 흘러야 했다. 따라서 그 기간에 전화회사는 장거리 통신시설과 장비를 설치하는 계획을 추진할 수 있었을 것이다.

# 이미 일어난 미래는 어디서 어떻게 파악하는가?

'이미 일어난 미래'를 만드는 변화는 다음과 같은 여섯 가지 체계적 탐색연구로 파악할 수 있다.

　검토해야 할 첫 번째 분야는 항상 인구통계이다. 인구변화는 가장 기초적인 탐색 대상이다. 노동력 측면에서도, 시장에서도, 사회적 압력으로도, 경제적 기회라는 점에서도 그렇다. 인구변화는 일단 사건이 발생하고 나면 정상적인 진행 궤도에서 이탈시키기가 가장 어려운 사건이다.

두 번째는 지식분야이다. 그러나 지식분야에 대한 탐색은 기업과 관련한 기존의 지식분야에만 국한해서는 안 된다. 우리는 기업의 미래를 검토할 때 우리는 미래 기업의 모습은 다를 것이라고 가정한다. 그리고 다른 형태의 기업이 등장할 것으로 예상할 수 있는 주요 분야들 가운데 하나는 기업의 고유한 우수성을 확립할 수 있는 지식자원 분야이다. 지식자원 분야에서 아직까지는 영향력을 크게 발휘하지 않지만 어떤 근본적인 변화가 일어난 것을 발견했을 때는 다음과 같이 질문해야만 한다.

"이 지식의 변화에서 우리가 기대해야만 하는 그리고 기대할 수 있는 기회가 있는가?"

세 번째로 경영자는 '이미 일어난 미래'를 탐색하기 위해 다른 산업, 다른 국가, 다른 시장을 둘러보고 다음과 같이 질문해야만 한다.

"그곳에서 일어난 사건 가운데 우리 산업, 우리나라, 우리 시장에 새로운 패턴을 수립할 수 있는 것이 있는가?"

1950년대 초 일본의 모든 전자제품 제조업체들은 일본 사람들의 소득이 너무나 낮아서 텔레비전을 구입할 수 없고, 특히 농부들은 텔레비전 같은 값비싼 물건은 아무것도 구입할 수 없을 것이라고 가정했다. 상당히 합리적인 판단이었다.

그러므로 일본 회사들은 대부분 값싼 텔레비전을 한정적으로만 생산할 계획을 세웠다. 오직 규모가 작고 거의 이름 없는 한 회사만이 미국, 영국, 독일 같은 다른 나라에서는 어떤 일이 일어났는지 조사하여 이 가정의 타당성 여부를 확인하려 했다. 이 회사는 텔레비전이 저소득 계층에서는 분명 일상적인 비품으로 간주되지 않는다는 것을 확인했다. 하지만 텔레비전이 가격과 상관없이 상당히 큰 만족을 제공한다는 사실도 확인했다.

사실 어느 나라에서든 가난한 사람들이 텔레비전의 가장 열성적인 소비자이다. 따라서 그 일본 회사는 경쟁자들보다도 화면이 더 크고 값도 더 비싼 텔레비전을 생산했다. 그리고 일본의 농부를 상대로 판매 캠페인을 집중적으로 벌였다. 그로부터 10년 뒤 일본의 저소득층 도시 가구의 3분의 2, 그리고 일본 시골 가정의 반 이상이 텔레비전을 보유하게 되었는데, 주로 크기가 더 크고 값도 더 비싼 것이었다. 그 회사가 바로 마쓰시타 고노스케松下幸之助가 경영하는 '내셔널 전기회사'이다.

네 번째 분야는 산업구조이다. 기업은 항상 '산업구조상 주요 변화를 예고할 어떤 것이 일어나고 있는가?'라고 질문해보아야 한다. 그런 변화들 가운데 하나가 지금 전 세계 공업국가에서 진행되고 있는 원재료 혁명이다. 이것은 원재료들의 흐름을 별도로 구분해주던 전통적인 경계를 없애거나 불분명하게 하고 있다.

겨우 한 세대 전만 하더라도 원재료 흐름materials stream은 처음부터 끝까지 별도로 연결되었다. 예를 들면, 종이는 목재로 만들 수 있는 중요한 가공 원재료였다. 다시 말해 종이는 나무로 만들지 않으면 안 된다. 다른 주요 원재료들도 예컨대 알루미늄, 석유, 강철, 아연도 사정은 마찬가지이다. 이런 원재료로 만드는 완제품은 대부분 구체적이고 고유한 최종용도가 있었다. 바꾸어 말해 원재료가 대부분 최종용도를 결정했고 최종용도를 보면 그 원재료가 무엇인지 알 수 있었다.

그러나 오늘날 거의 모든 원재료 흐름은 처음부터 끝까지 연결된 것이 아니라 상황에 따라 달라진다. 나무는 종이 말고도 많은 최종 제품의 원재료가 된다. 반대로 종이와 용도가 같은 제품을 만드는 데 처음 사용하는 원재료는 나무가 아닌 다른 많은 것들을 사용할 수 있다. 최종용도와 관련하여 원재료는 보완재라기보다는 대체재가 되었다. 종이는 의류의 중요한 원재료가 되는 지경에까지 이르렀다. 출발 원재료가 달라 다른 제품으로 보이지만 최종용도는 동일하게 사용할 수 있는 중복 분야는 매우 많다.*

다섯 번째 탐색 분야는 회사 내부이다. 회사 내부에서도 일반적으로 근본적이고도 돌이킬 수 없는 변화인데도 아직은 그 영향이 완연하게 밝혀지지 않은 사건의 실마리를 찾을 수 있다.

여기서 서로 관련된 두 질문을 필수적으로 해야만 한다.

"일반적으로 단언된 예측 가운데 지금부터 10년, 15년, 20년 후에 일어날 것은 무엇인가? 그것은 이미 실제로 일어난 것인가?"

사람들은 대부분 오직 자신이 이미 본 것만 상상할 수 있다. 따라서 어떤 예측이 광범위하게 인정되고 있다는 것은 미래를 예측한 것이 아니라 실제로는 최근 사건들에 대한 보고서에 지나지 않을 확률이 매우 높다. 미국 기업사에는 이런 접근방식으로 생산성을 향상한 유명한 사례가 하나 있다.

---

*예컨대 나무로 만든 종이와 석유로 만든 섬유가 의복이라는 분야에서 중복 사용된다.

1910년 전후 헨리 포드가 성공할 초기 시절, 최초의 예측은 자동차산업이 대중교통 수단으로까지 성장할 것으로 나타났다. 그러나 그 당시 사람들은 대부분 여전히 그것은 30년 정도 더 기다려야 할 것으로 생각했다. 소규모 자동차 제조업자였던 윌리엄 듀랜트<sup>William Durant</sup>는 다음과 같이 질문했다.

"그것은 이미 일어난 사실이 아닌가?"

그가 이 질문을 하자마자 답은 분명해졌다. 그것은 '이미 일어났지만 본격적인 영향은 아직 나타나지 않았다'는 것이었다. 일반 대중의 인식은 자동차를 부자들의 장난감에서 대중교통 수단으로 바뀌었다. 대형 자동차회사가 필요하다는 것을 의미했다. 이런 통찰력을 바탕으로 듀랜트는 GM을 구상했다. 그는 더 나아가 수많은 소규모 자동차회사들과 부품회사들을 합병하여 그것이 제공한 새로운 시장과 기회를 이용할 수 있는 종류의 대기업으로 만들었다.

따라서 ('이미 일어난 미래'를 만드는 변화를 찾기 위한 체계적 탐색연구에서) 마지막으로는 다음과 같은 질문을 해야 한다.

"사회와 경제, 시장과 고객, 지식과 기술에 대한 우리의 가정은 무엇인가? 그것들은 여전히 타당한가?"

영국의 중산층과 중하층의 가정주부들은 식품구매와 식사습관에서 고집스럽게 보수적이라는 사실은 잘 알려져 있다. 하지만 그 10년이나 15년 전에 설립된 영국의 두 회사는 1940년대 후반 다음과 같은 질문을 했다. '그 가정은 여전히 타당한가?' '아니요'라는 대답이 즉각 분명해졌다. 전쟁 중 그리고 전후에 식품이 부족해진 결과, 과거 보수적이었던 영국의 가정주부들이 새로운 식품과 새로운 식품 유통구조에 대해 잘 알고 있었고 새로운 것들을 사용해보려는 생각도 하고 있었던 것이다.

## 미래를 만들 책임 : 달란트의 비유

'이미 일어난 미래'를 찾아보고 그 영향을 예상해보면 탐색자는 새로운 관점을 발견할 수 있다. 지금까지 든 사례들에서 확실히 보여준 것과 같이 새로운 사건은 눈에 쉽게 띄게 마련이다. 필요한 것은 스스로 찾아보려고 노력하기만 하면 된다. 그런 뒤 무엇을 할 수 있을지 그리고 무엇을 해야만 하는지 파악하는 일은 대체로 그다지 어렵지 않다. 달리 말해 기회는 멀리 있는 것도 불분명한 것도 아니라는 말이다. 그러나 (기회가 될 만한 행위, 생각, 사태 등의) 경향을 먼저 인식하지 않으면 안 된다.

앞서 설명한 사례에서 보듯이 이는 강력한 힘을 발휘하는 접근방법이다. 그러나 이 방법은 큰 위험도 안고 있다. 일어날 것으로 믿고 있는 것을 변화로, 더 우려스러운 것은 당연히 일어나야 한다고 믿고 있는 것을 변화로 인식하려는 유혹 말이다. 그것은 너무나 큰 위험이기 때문에 원칙적으로 회사 내에서 모두 환영하는 어떤 변화가 발견된다면 그 변화는 믿지 말아야 한다. 만약 모두 '이것이 우리가 내내 찾던 그것이야'라고 소리친다면 사실을 보고한 것이라기보다는 희망

사항을 보고한 것에 지나지 않을 가능성이 더 크다.

왜냐하면 이 접근방식이 힘을 발휘하는 것은 뿌리 깊은 가정, 기업 관행, 그리고 관습에 의문을 제기하고 궁극적으로는 그것들을 뒤집기 때문이다. 기업의 조직구조 전체는 아니더라도 기업의 전반적 행동에 변화를 야기할 수 있는 결정을 하도록 해준다. 기업을 남다른 기업으로 만들 수 있는 결정을 하도록 해준다.

되풀이하거니와 미래에는 어떤 제품과 프로세스가 필요할지를 추측하려고 시도하는 것은 헛된 일이다. 그러나 미래에 어떤 제품과 프로세스를 현실로 만들기 위해서 어떤 아이디어構想가 필요한지 결정하고 그 아이디어에 기초하여 남다른 사업을 구축하는 것은 가능하다.

미래가 현실로 나타나도록 만든다는 것은 지금까지 하던 것과는 다른 새로운 사업을 창출한다는 것을 뜻한다. 그러나 미래가 일어나도록 만드는 것은 언제나 새로운 경제, 새로운 기술, 새로운 사회의 아이디어를 기업에 구현하는 것이다. 그것이 큰 아이디어여야 할 필요는 없다. 그러나 그것은 오늘날의 규범과는 다른 아이디어여야만 한다.

그 아이디어는 기업가적인 아이디어entrepreneurial idea, 즉 부富를 창출할 잠재력과 능력을 지니고 지속할 수 있으며 실행 가능하고 수익을 올리는 사업으로 계획할 수 있고 기업활동과 기업행위를 통해 목표를 달성할 수 있는 것이어야만 한다. 그것은 다음과 같은 질문을 던져도 파악되지 않는다.

"미래 사회의 모습은 어떠해야 하는가?"

사회개혁가, 혁명가, 철학자가 할 질문이지 기업가가 할 것은 아니다. 미래를 만드는 기업가적 아이디어에는 늘 다음과 같은 물음이 깔려 있다.

"경제, 시장, 혹은 지식에서 일어난 어떤 주요한 변화가 우리 회사로 하여금 우리가 진정 하기 좋아하는 방식으로 진정 최고의 경제적 성과를 얻을 수 있는 방식으로 사업을 할 수 있도록 해주는가?"

IBM을 창업하고 키운 토머스 J. 왓슨 1세[Thomas J. Watson, Sr.]는 사무용 기기 기술의 발전을 전혀 예상하지 못했다. 그러나 그는 자료처리[data processing]라는 아이디어를 이용해 사업을 펼칠 수 있다고 생각했다. IBM은 오랫동안 꽤나 규모가 작았고, 회계원장과 근무기록 등을 저장하는 하찮은 업무에 한정하여 사업을 했다. 그렇지만 IBM은 자료처리를 실질적으로 가능하게 한 기술, 즉 전자계산기 기술[*]이 등장하자마자 도약할 준비가 되어 있었다. 1920년대 왓슨이 펀치카드 기계를 디자인하고 판매하고 설치해주는 소규모 사업을 평범하게 하고 있을 무렵 수학자들과 논리실증주의자들, 즉 미국의 퍼시 브리지먼[Percy W. Bridgman]과 오스트리아의 루돌프 카르나프[Rudolph Carnap]는 수량화와 보편적 측정방법 등 자연과학의 방법론에 관해 토론하고 논문을 발표했다.

논리실증주의자들은 IBM이라는 신생 회사가 문제를 해결하기 위해 노력하고 있다는 얘기를 한 번도 들어본 적이 없었을 것이다.

자신들의 아이디어를 IBM과 연결하지 않았다는 것은 분명했다. 그러므로 제2차 세계대전을 치르는 동안 새로운 컴퓨터 기술이 등장했을 때 그것을 실용화한 것은 왓슨이 경영한 IBM이지 논리실증주의

---

[*]자신의 사업과는 전혀 관계없이 제2차 세계대전 중에 개발된 기술

자들의 철학적 아이디어가 아니었다.

시어스 로벅을 만든 사람들, 즉 리처드 시어스[Richard Sears], 줄리어스 로젠월드[Julius Rosenwald], 알버트 로브[Albert Loeb], 그리고 마지막으로 로 버트 우드[Robert E. Wood] 장군 등은 사회문제에 적극적으로 관심을 기 울였고 생동감 있는 사회적 상상력을 갖고 있었다. 그러나 그 가운데 누구도 경제를 바꿀 생각은 하지 않았다. 시어스 로벅의 창업자들은 애초부터 가난한 사람들의 돈도 부자들의 돈과 마찬가지로 구매력 을 발휘할 수 있을 것이라는 아이디어를 갖고 있었다. 그렇다고 해서 그것이 무슨 특별한 아이디어는 아니었다. 사회개혁가들과 경제학자 들은 그 문제를 두고 수십 년 동안 논쟁을 벌였다. 유럽의 협동조합 운동이 바로 그 아이디어를 바탕으로 성장했다. 그러나 시어스 로벅 은 그 아이디어를 이용하여 미국에서 최초로 사업을 벌였다. 시어스 로벅은 다음과 같은 질문을 하는 것에서 출발했다.

"어떻게 하면 농사꾼을 소매업의 고객으로 만들 수 있을까?"

대답은 간단했다.

"도시 사람들이 구입하는 것과 똑같이 품질이 우수한 제품을 똑같 이 낮은 가격에 구입할 수 있다는 것을 농부가 확신할 필요가 있다."

당시 그것은 꽤나 황당하고 혁신적인 아이디어였다.

역사상 가장 강력한 가족기업은 아마도 일본의 미츠이[Mitsui] 가문 일 것이다. 미츠이 상사는 제2차 세계대전 후 해체되기 전까지 전 세 계적으로 약 100만 명을 고용하고 있었다.[*]

---

*이 통계 숫자는 미츠이 그룹을 해체하도록 포고령을 발령한 미군정당국의 공식적 추정이다.

미츠이 상사의 기원은 17세기 중엽 미츠이 가문의 선조들이 세계 최초로 도쿄에 세운 백화점이다. 소매업과 관련된 기업가적 아이디어는 경제활동의 주체로서 상인의 역할이 무엇인가 하는 것으로 단순한 중개인 역할에 그치는 것이 아니었다. 한편으로 고객에게 물건을 고정가격으로 제공하는 것을 의미했다. 또한 미츠이 상사가 가공업자와 생산업자의 대리인으로만 활동하지 않는다는 것을 뜻했다. 미츠이 상사는 자신의 책임으로 물건을 사들였고 표준화된 상품을 자신이 정한 제품 명세서대로 만들도록 엄격히 주문했다.

해외 무역에서 상인은 항상 계약의 당사자로 활동했다. 그러나 미츠이 상사는 1650년경 일본에서 해외 무역이 금지되자 재빨리 해외 무역의 개념을 이용하여 내국인을 상대로 하는 소매업을 발전시켰다.

기본적인 기업가적 아이디어 가운데는 다른 나라나 다른 산업에서 잘하는 어떤 것을 단지 흉내 내는 것만으로도 충분할 때가 있다. 체코슬로바키아의 구두제조업자 토마스 바타Thomas Bata는 제1차 세계대전이 끝나고 미국에서 유럽으로 되돌아왔을 때 체코슬로바키아와 발칸반도에 사는 사람도 미국 사람들과 마찬가지로 구두를 신을 수 있어야 한다는 생각을 했다. 그가 다음과 같이 말했다고 전해진다.

"농부들은 맨발로 다니는데 그 이유는 농부들이 가난해서가 아니라 어디 구두가 있어야 말이지."

구두를 신은 농부라는 비전을 실현하는 데는 값싸고 규격이 잘 맞고 미국 사람이 신고 다니는 것처럼 맵시가 나면서도 오래 신을 수 있는 신발을 공급하는 것만으로도 충분했다. 이런 생각을 바탕으로 바타는 몇 년 뒤 유럽에서 가장 큰 구두제조업자이자 가장 성공한 기업들 가운데 하나로 성장했다.

'미래가 실현되도록 하기 위해서' 기업은 꼭 창조적 상상력creative imagination이 필요한 것은 아니다. 미래가 실현되도록 하는 데는 천재가 필요한 것이 아니라 고된 작업이 필요하다. 그런 점에서 미래가 실현되도록 하는 것은 어느 정도 모든 사람이 할 수 있는 것이다. 창조적 상상력을 갖고 있는 사람은 한층 더 상상력 넘치는 아이디어를 제안할 것이 분명하다. 그러나 한층 더 상상력 넘치는 아이디어가 실제로 훨씬 더 성공적인가 하는 것은 확실하지 않다. 평범한 아이디어가 때로는 성공적이었다. 포드자동차와 그 조립라인이 엄청난 인기를 끌던 1920년대에 구두를 생산하는 작업에 미국식 방식을 적용한다는 바타의 아이디어는 그다지 새로울 것이 없었다. 중요한 것은 천재성이라기보다는 용기였다.

미래를 만들기 위해서는 기업에게 무언가 새로운 것을 할 의사가 있어야만 한다. 기업은 다음과 같은 질문을 할 의사가 있어야만 한다.

"우리는 오늘과는 매우 다른 어떤 것이 진정 일어나기를 바라는가?"

다음과 같은 대답을 할 의사가 있어야만 한다.

"이것은 사업의 미래로 실현해야 할 바로 그것이다. 우리는 그것을 실현하기 위해 노력할 것이다."

혁신과 관련된 최근의 논의에서 '창의성'은 수없이 등장하지만 그것은 진정한 문제가 아니다. 기업을 포함하여 어떤 조직에서도 아이디어는 실제로 적용 가능한 숫자보다 훨씬 더 많다. 부족한 것은 원칙적으로 '제품을 뛰어넘어 아이디어를 탐색하려는 의도'이다. 제품과 제조공정은 아이디어를 구체화하는 유일한 수단이다. 그리고 앞에서 예를 든 것과 같이, 대체로 구체적인 미래의 제품과 제조공정은 심지어 상상조차 할 수 없다.

내일이라는 날은 꼭 오고 만다. 그것은 항상 오늘과 다르기 마련이다. 심지어 최강의 기업마저도 미래를 준비하지 않으면 곤경에 빠지게 된다. 그 경우 최강 기업이라도 우수성과 리더십을 잃게 될 것이다. 그 결과 남는 것이라고는 간접비라는 엄청난 군살뿐이다. 그런 기업은 무엇이 일어나고 있는지 통제할 수 없고 내용도 파악할 수 없게 될 것이다.

새로운 것을 만들기 위한 위험을 과감하게 부담하지 않은 그런 기업은 이미 일어난 것을 늦게 깨닫고는 깜짝 놀라서 한층 더 큰 위험을 부담하게 될 것이다. 그리고 그것은 심지어 규모가 가장 크고 최고로 이익을 많이 내는 기업마저도 감당하지 못할 위험이지만 (미리 준비했다면) 규모가 가장 작은 기업마저도 부담할 필요가 없는 위험이다.

경영자는 자신에게 주어진 달란트*도 제대로 발휘하지 못하는 태만한 관리인 이상이 되려면 미래를 만드는 책임을 져야만 한다. 어떤 기업을 단지 우수한 기업이 아니라 위대한 기업으로 만들어주는 것, 그리고 어떤 경영자를 단지 중역실을 지키는 사람이 아니라 진정 새로운 사업을 일으키는 사람으로 만들어주는 것은 '미래가 실현되도록 하는 책임'을 지고 그것을 해결하려는 의사가 있는지에 달려 있다.

---

*마태복음 25장 14절

# 선진국들은 집단적으로 자살하고 있다

드러커는 '이미 일어난 미래' 아이디어를 더욱 확장하여 1997년 하버드 비즈니스 리뷰 9-10월호에 「앞을 보자, 현재의 의미가 무엇인가 : 이미 일어난 미래」*라는 글을 발표했다.

"인생살이와 관련된 것에 대해 종교적이든, 사회적이든, 경제적이든, 기업이든 간에 미래를 예측하려고 노력하는 것은 부질없는 일이다. 수십 년이나 앞을 내다본다는 것은 더욱 말할 것도 없다. 그러나 이미 일어난 어쩔 수 없는 주요 사건을 확인하는 것, 그리고 그것 때문에 다음 10년이나 20년 안에 무엇이 일어날지 파악하는 것은 가능한 일일 뿐만 아니라 해볼 만한 가치도 있는 작업이다. 다른 말로 표현하면 '이미 일어난 미래'를 확인하고 준비하는 작업은 가능하다는 말이다.

앞으로 20년 내 기업에 치명적인 영향을 미칠 주요 요소는 돌발적인 전쟁, 돌림병, 혜성과의 충돌 등을 제외하면 경제도 아니고 기술도 아니다. 그것은 인구구조의 변화이다. 기업활동에 영향을 미칠 가장 중요한 요소는 '세계의 인구가 너무 많다'라는 사실이 아닐 것이다. 그것은 오히려 선진국들, 다시 말해 일본, 유럽 각국, 북미에서 인구가 점점 더 '줄어든다'는 사실일 것이다. 선진국들은 지금 국민이 집단적으로 자살하고 있는 것이나 마찬가지이다.

주민들은 지역사회를 유지하는 데 필요한 만큼 아이들을 출산하지 않는다. 그 이유는 꽤 일리가 있다. 젊은이들은 늘어나는 노년 인구와 비근로인구를 부양하는 데 들어가는 점증하는 비용을 더는 감

---

*Looking Ahead, the Implication of the Present : The Future That Has Already Happened

당할 수 없다. 그들이 늘어나는 비용을 감당하기 위해서는 자신들에게 의존해 살고 있는 다른 한쪽의 비용을 어쩔 수 없이 잘라내야만 한다. 그것이 바로 자식을 덜 낳거나 아예 무자식이 상팔자라는 생각을 하게 하는 이유이다.

어떤 선진국가에서도 새로운 베이비붐이 일어날 기미가 전혀 보이지 않는다. 그러나 설령 하룻밤 사이에 지난 1950년대 미국에서 경험한 것과 같은 출산율 3퍼센트의 베이비붐을 맞게 된다 해도 그 아이들이 충분히 교육 받고 생산성 높은 어른이 되기까지는 25년이나 걸릴 것이다. 앞으로 25년간 선진국의 인구 감소는 이미 일어난 현상이다."

# 인구통계 변화

모든 선진국의 실질적인 은퇴연령(사람들이 전혀 일하지 않는 연령)은 건강한 사람의 경우 75세까지 올라갈 것이고 은퇴연령에 도달한 사람들이 그 사회에서 다수를 차지하게 될 것이다. 은퇴연령의 상승현상은 2010년 이전에 이미 일어날 것이다.

이제 경제성장은 사람들을 더 많이 일터로 내보내는 것만으로는 달성할 수 없고 생산요소를 더 많이 투입하는 것이 과거만큼 산출을 증가시키지도 않는다. 또 수요의 증가로는 경제성장을 유발할 수 없다. 경제성장은 선진국이 아직도 경쟁우위를 갖고 있는 어떤 (앞으로도 몇 십 년간 지속적으로 이용할 수 있어 보이는) 생산요소의 생산성을 급격히 증가시키고 꾸준히 유지함으로써만 가능하다. 다시 말해 지식작업의 생산성과 지식근로자의 생산성 향상으로 말이다.

앞으로 세계를 경제적으로 지배하는 단 하나의 국가는 존재하지 않을 것이다. 왜냐하면 어떤 선진국도 그런 지배적 역할을 수행할 만큼 인구기반이 충분하지 않기 때문이다. 어떤 나라도, 어떤 산업도, 어떤 기업도 장기적으로 경쟁우위를 갖지 못할 것이다. 자금도, 기술도 그렇게 오랜 기간 늘어나는 인구자원의 불균형을 보충할 수 없기 때문이다. 두 차례에 걸쳐 세계대전을 치르는 동안 개발된 교육훈련 방법은(주로 미국에서 개발되었지만) 지금 공업화 이전의 사회와 미숙련 노동자들의 생산성을 거의 무시할 정도로 짧은 시간에 세계 최고 수준으로 상승시킬 수 있다. 그 좋은 예가 30여 년 전의 한국과 지금의 태국이다. 기술은(최신 기술도 마찬가지인데) 당연히 공개시장에서 꽤 싼 값으로 구입할 수 있다. 따라서 선진국이 보유한 유일한 비교우위는 지식근로자의 공급이다.

그것은 인적 자원의 질적인 우위가 아니다. 신흥국가의 교육받은 사람들은 모든 점에서 선진국의 인적 자원만큼이나 지식수준이 높다는 말이다. 그러나 양적으로 보면 선진국의 지식근로자 숫자는 신흥국가와 비교하면 엄청나게 많다. 이런 양적인 차이를 질적인 우위로 전환하는 것이 바로 선진국이 세계경제에서 경쟁력을 유지하는 하나의(아마도 유일한) 방법이다. 이것은 지식의 생산성을 향상하고 지식근로자의 생산성을 향상하는 데 지속적이고도 체계적으로 노력을 기울여야 한다는 것을 의미한다. 아직도 이 부분은 무시되고 매우 수준이 낮다.

# 지식생산성이 결정적 요소이다

지식은 다른 모든 자원과는 다른 점이 있다. 지식은 그 자체로 끊임없이 진부해지는 속성이 있기 때문에 비록 오늘날에는 첨단지식이라 하더라도 내일이면 한물 간 것이 되고 만다. 지식이 중요한 이유는 그 변화가 빠르고 중심의 이동이 갑작스럽다는 데 있다. 예를 들면 건강산업 분야에서는 약력학에서 유전학으로 이동했고 컴퓨터 산업의 중심은 PC에서 인터넷으로 이동했다.

지식생산성과 지식근로자의 생산성은 세계경제에서 유일한 경쟁요소는 아닐지도 모른다. 그러나 적어도 선진국의 모든 산업분야에서 결정적인 요소가 될 것이 분명하다. 이런 예측이 실제로 일어날 확률이 매우 높기 때문에 이것은 기업과 경영자에게 상당히 중요한 의의를 갖는다.

첫 번째(그리고 그다음과도 연결되는) 의의는 세계경제는 앞으로도 매우 불투명하고 경쟁이 치열하며 문제해결에 필요한 지식의 본질과 내용이 모두 끊임없이 그리고 예측 불가능한 방향으로 변하여 갑작스러운 이동을 맞게 될 수도 있다는 것이다.

기업과 경영자가 필요로 하는 정보는 급속도로 변하게 될 여지가 크다. 우리는 지난 수년 동안 전통적인 정보를 개선하는 데 집중해왔다.

전통적인 정보는 전적으로 거의 '조직 내부'에서 발생하는 정보이다. 예를 들면 회계학은 전통적인 정보 시스템이면서 아직도 대부분의 경영자가 의존하는 정보 가운데 하나로 기업 내에서 발생한 활동을 숫자로 기록하는 것이다. 최근 일어나고 있는 회계학의 변화와 개선은 모두[*] 여전히 회사 내부의 활동에 더 나은 정보를 제공하려는 것이다.

　새로운 정보 시스템이 제공하는 자료들도 대부분 그 목적은 같다. 사실 어떤 조직이 수집하는 자료 가운데 90퍼센트 이상이 내부활동에 관한 정보이다. 성과를 내는 전략은 '조직의 외부'에서 발생하는 어떤 사건과 조건에 대한 정보를 점점 더 필요로 할 것이다. 예를 들면 우리 회사와 거래하지 않는 비고객non customer, 어떤 기업 또는 경쟁자가 현재 사용하지 않는 기술, 현재 진입하지 않고 있는 시장 등이다. 이런 정보를 확보함으로써 기업은 자신이 갖고 있는 지식자원knowledge resources을 최고 성과를 올리기 위해 배분할 수 있는 방법을 결정하게 된다. 이런 정보들이 있어야 기업은 세계경제에서 그리고 지식 그 자체의 본질과 내용에서 갑작스러운 이동이 일어날 때 발생하는 새로운 변화와 도전에 대비할 수 있다. 외부 정보를 수집하고 분석하는 적절한 방법을 개발하는 것은 앞으로 기업과 정보전문가가 해결해야 할 주요한 도전이 될 것이다.

---

[*]활동기준 원가activity based accounting, 경영자 업적성과표the executive score card, 경제적 부가가치 분석 EVA 등

# 단 하나의 올바른 조직은 없다

지식은 자원을 이동시킨다. 지식근로자는 제조업의 육체노동자와 달리 생산수단을 스스로 보유하고 있다. 지식근로자들은 필요한 지식이 머릿속에 있기 때문에 생산수단과 함께 이동할 수 있다. 동시에 조직이 필요로 하는 지식의 내용은 끊임없이 변할 것으로 보인다. 그 결과 선진국에서는 점점 더 많은 핵심적인 노동력(그리고 그들 가운데 최고의 보수를 받는 노동력)이 차츰 전통적인 의미로 '관리될 수 없는cannot be managed' 사람들로 구성될 것이다.

많은 경우 그들은 그들이 종사하고 있는 조직의 종업원이 아닐 것이다. 오히려 하청계약자, 전문가, 경영컨설턴트, 임시직, 조인트 벤처 참가자 등일 것이다. 이런 사람들은 자신들에게 보수를 지급하는 조직보다는 자신들이 갖고 있는 지식을 근거로 자신들의 정체성을 확인하게 되는 경우가 점점 더 많아질 것이다.

이런 모든 것이 암묵적으로 의미하는 것은 '조직organization'의 의미 자체의 변화이다. 100여 년 이상 미국에서는 J. P. 모건J. P. Morgan과 존 D. 록펠러John D. Rockefeller에서부터 독일의 게오르크 지멘스Georg Siemens와 프랑스의 앙리 페이욜Henry Fayol, GM의 알프레드 슬로언을 거쳐 최근 유행하는 팀조직에서 보는 바와 같이 경영자들과 학자들은 우리가 근무하는 기업에 대해 단 하나의 '가장 올바른 조직'을 찾으려고 노력해왔다.

이제 그런 것은 있을 수 없다. 세상에는 다만 '여러 가지 조직'뿐이다. 석유정유회사의 공장건물, 대성당, 교외의 별장이 모두 '건물'이라고 불리지만 내용은 서로 엄청나게 다른 만큼 말이다. 선진국의 여러 조직(그리고 기업조직 외에도)은 구체적인 과업, 기간, 장소(또는 문화)에 적합하게 구성되어야 할 것이다.

# 경영은 인문교양이자 예술이다

인구와 지식의 변화는 또한 '경영의 예술'과 '경영의 과학'이라는 점에 암시를 던져주고 있다. 경영은 대략 125년 전* '물건'을 생산하는 과업을 조직하기 위해 시도된 이래 그 영역은 앞으로 기업이라는 한정된 조직을 넘어 점점 더 확대될 것이다.

새로운 개념, 방법, 경영관행을 개발하는 과제에서 가장 중요한 분야는 사회가 보유한 지식자원의 경영 문제일 것이다. 특히 교육과 건강분야가 그런 셈인데 이 두 분야는 오늘날 과다하게 관리되고 있는 반면 너무 과소하게 경영되고 있다.

조직은 다양한 종류의 다른 일을 하는 다른 기술과 지식을 지닌 사람들로 구성되어 있다. 따라서 거기에는 의사소통과 개인의 책임이 확립되어 있어야 한다. 조직과 경영에서 성과의 평가기준은 산출량이나 이익만이 아니다. 시장에서의 지위, 이노베이션, 생산성, 품질, 인재육성, 재무상황 등 모든 것이 조직의 성과로 또 조직의 생존에 관계되는 문제로 중요하다.

---

*1870년경 서구에서 프러시아 군대조직을 본떠 대량생산 기업조직을 만들 무렵

1959년 과학자이며 소설가인 영국의 고위 관료 C. P. 스노는 현대 사회의 '두 문화'에 관해서 강연을 했다. 그러나 경영은 스노가 말한 인문과학의 문화도 자연과학의 문화도 아니다. 경영은 실천과 실용이다. 그 성공 여부는 결과에 따라 판정된다. 즉 그것은 기술이다. 그러나 동시에 경영은 인간에 관계되는 것이며 인간의 가치관이나 성장이나 발전에 관계되는 것이다. 즉 그것은 인문과학이다. 경영은 사회구조나 지역사회와도 관계를 맺으며 영향을 준다.

이 점에서도 경영은 인문과학이다. 더욱이 나와 마찬가지로 많은 경영관리자와 함께 오랜 세월 일해온 사람들이 알게 된 바와 같이 경영은 인간의 정신, 즉 좋든 나쁘든 인간의 본질에 깊이 관련된다. 따라서 경영은 전통적인 의미에서의 리버럴 아트, 즉 인문교양이자 예술이다.


# 기업과 경영자에 대한 전망

2002년 드러커는 미래의 대한 전망을 담은 『넥스트 소사이어티』를 발표했다. 특히 「제4부 다음 사회」는 영국 이코노미스트의 의뢰로 쓴 것으로 기업과 경영자에 대한 전망을 담고 있다.

다음 사회는 산업구조가 지금 사회와는 다르다. 우리는 20세기 내내 지난 1,000년 동안 사회를 지탱했던 부문, 즉 농업이 급격히 쇠퇴하는 것을 보았다. 제조업도 같은 경로를 따라가고 있다. 제2차 세계대전 이후 제조업 생산품의 가격은 꾸준히 하락했다. 그 반면 주요 지식 제품은 인플레를 감안하더라도 3배나 증가했다.

　제조업 근로자들의 수가 적으면 적을수록 정치적으로 한층 더 단결하여 영향력을 발휘하고 있다. 블루칼라 노동자들은 임금만 줄어든 것이 아니라 한층 더 중요한 사회적 지위까지 상실하고 있다. 세계화 반대자들은 일자리를 빼앗아가는 것을 의미하는 세계화를 반대하는 것이다.

　1930년대 드러커는 산업혁명으로 야기된 심각한 불평등은 엄청난 절망감을 초래하여 전체주의 비슷한 것이 대두될 수 있다는 걱정을 했다. 불행히도 그의 염려는 적중했다. 드러커는 오늘날 경영자들이 종업원들을 마구잡이로 해고하면서도 정작 자신들은 막대한 소득을 올리는 것은 사회적으로도 도덕적으로도 용서받지 못할 일이라고 역설한다.

　다음 사회는 인구구조가 지금과는 매우 다를 것이다. 노인 인구는 급속도로 증가하고 반대로 젊은 인구는 급감한다. 따라서 어느 선진국이든 예외 없이 가장 빨리 성장하는 산업은 이미 교육을 많이 받은 성인들에 대한 계속교육 산업이 될 것이다. 인구가 변화한 결과, 이민은 분명 한층 더 뜨거운 이슈가 되었다. 그러므로 앞으로 세계는 노인들과 함께 사는 법과 필요는 하지만 받아들이고 싶지 않은 이민 문제를 해결하는 법을 배워야 한다.

　다음 사회는 지식이 핵심 자원일 것이고 지식근로자가 노동력 가운데 지배적 집단이 될 것이다. 지식사회의 주요 특성들은 다음과 같을 것이다.

첫째, 국경이 없다. 지식은 돈보다 훨씬 더 쉽사리 돌아다니기 때문이다.

둘째, 상승 이동이 쉬워진다. 누구나 손쉽게 정규 교육을 받을 수 있기 때문이다.

셋째, 성공뿐만 아니라 실패할 확률도 높다. 지식근로자는 '생산 수단', 즉 어떤 직무를 수행하는 데 필요한 지식을 획득할 수 있기 때문에 성공할 수는 있지만 그렇다고 해서 모두 승리할 수는 없기 때문이다.

이런 세 가지 특성이 상승 작용하여 지식사회를 고도의 경쟁 사회로 만드는데 그 점은 조직에게도 개인들에게도 마찬가지일 것이다. 지식사회의 상승 이동에는 대가를 많이 치러야 한다. 치열한 경쟁 도중에 느끼는 심리적 압박과 정신적 상처 말이다.

세상에는 패배자가 있는 경우에만 승리자가 있는 법이다. 따라서 지식근로자는 자신의 비근로생활과 제2의 인생도 계획해야 할 것이다. 지식근로자들은 아직 젊었을 때 자신들만을 위한 비경쟁적인 인생과 공동체와 어느 정도 외부에 대한 관심사를 개발할 필요가 있다. 외부의 관심사는 그들이 인간적으로 사회에 공헌하고 성취할 기회를 제공해줄 것이다.

넷째, 집합적으로 볼 때 지식근로자들은 새로운 자본가들이다. 그들은 연금기금이나 투자신탁기금의 투자 지분을 이용해 많은 대기업의 주주가 되었다.

다섯째, 지식근로자들은 자신들의 서비스를 구입하는 고용주들과 동등한 사람으로, 다시 말해 스스로를 '종업원'이 아니라 '전문가'로 인식한다. 지식사회는 상사와 부하가 아니라 고참자와 신참자로 구성된 사회이다.

이런 가정 아래 드러커는 두 가지 질문에 대해 답을 구하려 한다.

첫째, 다음 사회를 대비하기 위해 지금 경영자들이 해야 하는 것은 무엇인가?

둘째, 아직은 우리가 알지 못하지만 분명 앞으로 다가올 다른 큰 변화는 무엇인가?

1870년경 기업이 시작된 이후 대부분의 기간에 다음과 같은 다섯 가지 기본적 명제가 적용되었다.

첫째, 기업은 '주인'이고 종업원은 '하인'이다.

둘째, 대다수 종업원은 기업에서 하루 종일 일한다. 그들이 받는 급료는 유일한 수입원으로 삶을 꾸려간다.

셋째, 어떤 제품을 생산하는 가장 효율적인 방법은 그 제품을 만드는 데 필요한 활동들 가운데 가능한 한 많은 부분을 경영자 한 사람의 관리범위 아래 통합하는 것이다. 이 명제를 뒷받침하는 이론이 바로 로날드 코스Ronald Coase가 제기한 '거래비용 이론'이다.*

넷째, 공급업자와 제조업체는 시장 지배력을 갖고 있다.

다섯째, 특정한 기술은 하나의 산업에만 적용된다. 모든 제품과 서비스는 고유한 적용분야가 있다. 각각의 적용분야에는 그것에 적합한 고유한 제품, 물질, 기술이 있다는 것이다. 따라서 맥주와 우유는

---

*이 이론으로 그는 1991년도 노벨 경제학상을 수상했다.

오직 병에 넣어 판매되었고 자동차의 보디는 오직 강철로 제작되었으며 기업의 운전자본은 상업은행의 상업대출로만 조달되었다.

이런 가정은 1870년경 이후 100년 동안은 타당했으나 1970년경부터는 그 모든 가정이 하나같이 뒤집어졌다. 지금 다섯 가지 기본 명제들은 다음과 같다.

첫째, 생산수단은 지식이다. 지식근로자들이 소유하며 쉽사리 휴대할 수 있다. 바로 이 점이 지식근로자를 동등한 동반자나 파트너로 만들어준다.

둘째, 조직에 근무하는 사람들 가운데 점점 더 많은 사람이 전일제 근무 종업원들이 아니라 시간제, 임시직, 컨설턴트, 용역 계약자로 근무할 것이다. 그들은 자신들이 일하는 조직의 종업원이 아니라 예컨대 인력파견회사의 종업원일 것이다.

셋째, 거래비용(커뮤니케이션 비용)이 격감하고 있다. 기업이 최대한 통합을 추구해야 한다는 명제는 지금 거의 완벽하게 파기되었다. 한 기업이 주요한 과업을 모두 수행하기에 충분할 정도로 지식을 많이 보유하는 것 역시 어려워지고 있다.

넷째, 오늘날 고객은 정보를 갖고 있다. 정보를 갖고 있는 사람은 누구든 권력을 갖고 있다. 따라서 권력은 고객에게로 이동하고 있다. 그것은 제조업체는 판매자 역할을 마감하고 그 대신 고객을 위한 구매 대행자가 된다는 것을 의미한다.

다섯째, 이제는 특정산업에 고유한 기술이란 별로 없다. 어떤 산업에 필요한 지식은 그 산업에 종사하는 사람들이 익숙하지 않은 전혀 다른 몇몇 기술에서 나온다.

기업은 살아남을 것인가? 물론 그럭저럭 살아남을 것이다. 법률적으로도 재무적으로도. 그 새로운 기업은 오늘날의 법인 기업과 매우 비슷할지도 모른다. 그러나 미래에는 모든 기업이 채택해야 할 하나의 단일 모델 대신에 선택 가능한 다양한 모델이 존재할 것이다. 슘페터의 명제인 '역동적 불균형' '창조적 파괴' 그리고 경제적 변화의 중개인으로서 신기술에 관심이 크게 증가하고 있다. 그것은 지금까지의 경제이론과는 정면으로 배치된다.

최고경영자의 모델도 마찬가지로 단 하나가 아니라 다양한 모델이 등장할 것이다. 지난 20년 동안 대기업은 경영에 성공함으로써 모든 찬사를 독차지했다. 그것이 바로 GE의 잭 웰치Jack Welch, 인텔의 앤디 그로버, 시티그룹의 샌포드 웨일 등과 같은 '수퍼맨 CEO'가 각광을 받은 이유이다. 하지만 기업은 자사를 경영해줄 수퍼맨을 찾고만 있을 수 없다. 수퍼맨의 공급은 예측 불가능하고 또한 매우 한정되어 있기 때문이다.

오늘날 대규모 조직의 우두머리 자리를 천재가 차지해야 한다는 것이야말로 최고경영자가 위기에 빠져 있다는 것을 여실히 증명하는 것이다. 앞으로 CEO의 직무는 매우 복잡한 조직인 오페라단을 운영하는 일과 많이 닮을 것이다. 스타에 해당하는 주역급 가수들에게는 오페라단장이 명령을 내릴 수 없다. 조연급 가수들이 있고 반주를 맡은 오케스트라가 있고 무대 뒤에서 일하는 사람들도 있다. 게다가 청중도 있다. 각 집단은 전혀 성격이 다르다. 그러나 오케스트라 지휘자는 악보를 갖고 있고 다른 사람들도 같은 악보를 갖고 있다. 하지만 오페라단 경영을 맡고 있는 CEO는 각각의 집단이 결과를 생산하는 일에 집중하도록 해야만 한다. 이 점이 바로 미래 CEO의 직무를 이해하기 위한 핵심이다.

대기업은 혁신하는 법을 배워야만 한다. 그렇지 않으면 생존하지 못한다. 그것은 자신들을 재창조하는 것을 의미한다. 오늘날 대기업들은 전략적 제휴와 합작투자를 활용해 성장하고 있다. 그럼에도 대기업들은 전략적 제휴를 운영하는 방법을 잘 모른다. 대기업들은 명령을 내리는 일에 익숙해 있고 파트너들과 협력하는 일에는 익숙하지 않다. 전략적 제휴 또는 합작투자의 경우 다음과 같은 질문부터 해야 한다.

"우리의 파트너들은 무엇을 원하는가? 우리의 공유가치와 공유목적은 무엇인가?"

벤처 창업가들은 기업이 어느 정도 성장한 뒤에도 '내가 하고 싶은 일은 무엇인가? 나의 역할은 무엇인가?'라고 질문한다. 이것은 잘못된 질문이다. 만약 그런 질문을 한다면 반드시 자기 자신도 사업도 망치고 만다. 다음과 같이 질문해야 한다.

"이 단계에서 회사가 필요로 하는 것은 무엇인가?"

"내가 그런 일을 할 능력을 갖추고 있는가?"

회사가 필요로 하는 것을 먼저 파악해야 한다.

어느 나라나 리더십이 부족하다고 외치고 있다. 그러나 그것은 잘못된 외침이다. 16세기 말 민족국가와 현대식 정부가 등장한 것은 전례 없는 성공적인 혁신 가운데 하나였다. 그 후 200년도 채 안 되어 전 지구는 민족국가들로 가득 찼으니까 말이다. 하지만 지금은 신사고가 필요한 때이다. 막을 내린 20세기에는 정부와 기업 모두 폭발적으로 성장했다. 특히 선진국에서 그랬다. 그와 마찬가지로 21세기에는 새로운 지배적인 사회환경, 즉 도시에 새로운 공동체들을 만들어줄 비영리 사회부문 조직들이 폭발적으로 성장해야 한다.

이런 모든 것을 감안할 때 가장 큰 변화는 아직도 징후가 나타나지 않았다. 또 우리는 2030년의 사회가 오늘날의 사회와는 매우 다를 것이고 요즘 베스트셀러를 기록하고 있는 미래학자들이 예측한 것과는 닮은 점이 거의 없을 것이라는 점도 확신할 수 있다. 그것은 정보기술의 지배를 받지 않을 뿐만 아니라 정보기술로 그 모습이 결정되지도 않을 것이다. 정보기술은 중요하지만 그것은 다만 몇몇 중요한 새로운 기술 가운데 하나일 뿐이다. 다음 사회의 중심적인 특징은 그전의 새로운 사회들과 마찬가지로 새로운 기관들, 새로운 이론들, 이데올로기, 새로운 문제들로 구성될 것이다.

예측? 그런 것은 없다. 지금까지 말한 것은 '이미 일어난 미래'가 넌지시 제공하는 암시이다.

# 부록

# 1. 드러커의 통찰 A to Z

## 드러커의 통찰 A to Z

톰 피터스Tom Peters, 켄 블렌차드, 짐 콜린스, C. K. 프라할라드는 이렇게 말했다.

"나는 내가 한 일들을 진정 내가 처음 창안했다고 생각했으나 그것들은 대부분 드러커가 먼저 그의 저술들에서 언급했다는 사실을 알게 되었다."

마이클 해머Michael Hammer는 현대 경영학의 아버지 드러커의 업적을 칭송하면서 다음과 같이 말했다.

"도스토옙스키Fyodor Mikhailovich Dostoevskii는 '러시아 근대문학은 아버지 고골리와 어머니 푸슈킨Aleksandr Sergeevich Pushkin에게서 나왔다'라고 한 적이 있는데 비유적으로 말하면 현대 경영학은 드러커에게서 나왔다."

필립 코틀러는 이렇게 진술했다.

"드러커는 현대 경영학의 아버지이다……. 누군가가 나를 마케팅의 아버지라고 부를 때 나는 그것을 찬사로 받아들인다. 만약 그런 이유라면 '그렇다면 피터 드러커는 마케팅의 할아버지이지요'라고 그 사람에게 말해준다."

드러커는 목표관리Management by Objectives, 민영화, 지식근로자 등 많은 용어와 개념을 고안해냈다. 드러커는 CEO와 지식근로자에게 '성공 추구'를 넘어 '공헌 추구'를 하라고 촉구했다. 그리고 드러커는 기업 조직에 대해서뿐만 아니라 정치와 사회 전반에 걸쳐 조언을 많이 했다. 다음 항목들은 드러커의 주요한 통찰을 A에서 Z까지 정리해본 것이다.

# Abandonment :
## 폐기, 버리기, 손 빼기

변화주도자가 조직 전반에 걸쳐 수행해야 할 첫 번째 과업은 조직적 폐기를 추진하는 것이다. '무엇을 버리는가?'와 '어떻게 버리는가?'는 체계적으로 해야 한다. 그렇지 않으면 그런 작업은 늘 '뒤로 밀리고'만다. 왜냐하면 폐기란 절대로 '인기 있는' 정책이 아니기 때문이다.

잭 웰치는 사업을 축소 재조정할 때 '그만둘 사업 리스트'를 만들었다. 그것은 슘페터의 창조적 파괴이자 드러커의 목적지향적 폐기였다. 성장정책의 첫 번째 단계는 어디로 어떻게 진출할 것이냐가 아니다. 그보다 먼저 진부하고 비생산적인 분야에서 철수하는 것이다.

릭 워런Rick Warren 목사는 드러커가 자신에게 '새로 할 일에 대해서 말하지 말고 그만둔 일에 대해서 말해주게. 목적을 다한 일에 언제부터 자원투입을 중단할 것인가 말일세'라고 한 말이 어떤 무엇을 해보라고 한 것보다 훨씬 더 큰 결과를 가져다주었다고 술회했다.[*]

# Business, Family Business : 기업, 사업, 영업, 가족기업

기업 논리로 비용은 오직 결과와 관련해서만 존재한다. 공무원들은 이 점을 전혀 이해하지 못한다.[**]

세계경제의 눈부신 발전은 인류가 이룩한 위대한 업적이다. 그리고 그것은 정부가 이룩한 것이 아니라 기업이 이룩한 것이다.[***]

기업은 정부로서는 약점인 두 가지 장점을 갖고 있다. 기업은 그동안 해오던 활동을 중단할 수 있다. 더욱 중요한 것은 기업은 모든 기관 가운데 사라진다 해도 사회가 거들떠보지도 않을 유일한 기관이다.[****]

---

[*]유사한 표현 : Systematic abandonment, creative abandonment, organized abandonment, purposeful abandonment, planned abandonment, stop doing list.

[**]In business logic, costs exist only in contemplation of results. The government servant simply does not understand this.

[***]The world economy is a great achievement, and one of business rather than of governments.

[****]Business has two advantages where government has major weaknesses. Business can abandon an activity. What is more, of all our institutions, business is the only one that society will let disappear.

가족기업을 경영할 때 첫 번째 규칙은 가족의 일원이라 하더라도 가족이 아닌 다른 종업원들만큼 유능하고 열심히 일하지 않으려면 가족기업에 근무해서는 안 된다는 것이다. 게으른 조카를 고용하기보다는 차라리 그를 회사에 나오지 않게 하고 월급을 주는 것이 훨씬 낫다. 가족기업에서는 가족의 일원이 그들의 공식 직함이 무엇이건 간에 항상 '최고경영자'가 된다. 평범한 친인척 또는 더 나쁜 경우로 게으른 친인척이 가족기업에 근무하도록 허용하면 정상적인 종업원들은 곧바로 불평을 하게 된다.

평범하거나 게으른 친인척이 임금대장에 올라 있으면 최고경영자와 기업 그 자체에 대해 종업원들이 품고 있던 존경심이 한꺼번에 사라져버린다. 유능한 종업원들은 회사에 남아 있지 않을 것이다. 그리고 남아 있는 사람들은 곧바로 아첨꾼이 되거나 비위만 맞추려 할 것이다.

# Customer vs CEO :
## 고객 대 최고경영자

최고경영자 본연의 과업은 어제의 위기를 해결하는 것이 아니라 남다른 내일을 만드는 것이다. 기업의 목적은 고객 창조이고 고객 유지이다.[*]

---

[*]The work of top management does not try to solve yesterday's crises but to make a different tomorrow. The purpose of business is to create and keep a customer.

조직의 최고경영자들이 리더 지위에 앉게 된 것은 사회적 문제를 해결할 수 있는 능력을 보유하고 있다고 검증받았기 때문이다. 따라서 사회가 심각한 사회적 문제와 사회적 필요에 부딪혔을 때 그들이 나서서 해결책을 모색해주기를 기대하는 것은 지극히 당연하다. 고객은 왕이다. 최고경영자보다도 더 높다.

2004년 10월 30일 월스트리트저널에서 드러커는 CEO는 미국의 발명품으로 알렉산더 해밀턴Alexander Hamilton이 미국 연방USA이 창설된 직후 미국 정부를 위해 처음으로 고안한 것이라고 썼다. CEO라는 지위에 있는 리더는 그 다음 해밀턴이 소유한 뉴욕은행과 필라델피아 제2은행 등 민간 부문으로 확대되었다. 다른 국가에서는 정확히 말해 미국의 CEO 같은 조직이 없다. 독일의 이사회 의장, 프랑스의 대리관리자, 영국의 회장, 일본의 사장 등은 모두 미국의 CEO와는 권한과 책임이 제각각 다르다.

CEO에게 중요한 것은 이미 일어난 미래를 파악하고 그런 변화를 인식하며 분석하는 방법을 개발하는 것이다. 야구에서 투수가 던진 공을 몇 개나 맞췄는지를 셈하는 것처럼 경영자에게 중요한 것은 이미 일어난 변화를 확인하는 것이다. 사회, 경제, 정치 분야에서 일어난 주요 변화들은 이미 일어난 미래이다. 따라서 앞으로 그것을 혁신 기회로 이용해야 한다. 미국 건국의 아버지들이 존경받는 것은 그들이 새로운 국가를 탄생시켰기 때문이 아니라 인간의 약점(이미 일어난 미래이다)을 알고 국가가 제대로 성립되기도 전에 먼저 권력자가 할 일을 정하고 또 권력자들이 잘못했을 때 축출하는 방법을 헌법에 짜

넣었기 때문이다.

# Decentralization vs Centralization :
# 분권 대 집권

분권은 의사결정을 현장의 종업원이나 시민이 직접 하도록 허용하는 과정을 말한다.[*]

드러커는 GM의 몰락 가능성을 미리 언급했다. 사실 GM은 드러커가 최초 컨설팅한 기업이다. 드러커는 그들의 분권적 경영구조는 초기 성공에 기여한 큰 요인이라는 사실을 밝혀냈다. 그러나 드러커는 사망하기 몇 년 전 GM의 최고경영자들이 과거의 성공에서 빠져나오지 못하면 그리고 드러커의 유명한 질문 '당장 그만둬야 할 일이 무엇인가?'라는 질문에 대답하지 못하면 GM은 위기에 처하게 될 것이라고 경고했다. GM은 조직구조를 혁신할 필요가 있었는데도 그것을 인식하지 못한 대표적인 기업이다. GM의 조직구조는 굳어버렸고 최고경영자들은 조직구조를 바꿀 엄두를 내지 못했다. GM과 같은 회사들은 오래된 관행에 따라 효율성을 두 배로 올리고 원가를 낮추는 것만으로는 살아남을 수 없었다. 그런 회사들은 조직 전체를 극적으로 바꾸고 기업과 관련된 가정을 다시 검토할 필요가 있었다.

---

[*]Decentralization is the process of dispersing decision-making governance closer to the people and/or citizen.

# Effectiveness vs Efficiency :
# 목표달성능력과 효율성

경영활동에서 목표달성능력과 효율성의 균형 문제는 어떻게 해야 하는가? 목표달성능력과 효율성이라는 두 개념은 분명히 말하건대 같은 것이 아니다. 효율성은 노력 자체를 중요하게 간주하지만 목표달성능력은 결과를 중요하게 여긴다.[*]

목표달성능력은 올바른 일을 하는 것이고, 효율성은 주어진 일을 올바르게 하는 것이다. 목표를 달성하는 방법에 대해 '비결'이라고 할 만한 것 하나를 소개하면, 그것은 '집중'하는 것이다.[**]

# Future & Pension Fund :
# 미래와 연금기금

드러커는 미래에 대해 몇 가지 통찰력 있는 말을 했다. 미래를 예측하는 가장 좋은 방법은 그 미래를 만들어버리는 것이다.[***]

미래에 관해 성공할 가능성이 있는 유일한 정책은 미래를 만들려고 노력하는 것이다.[****]

---

[*]How about the balance between effectiveness and efficiency in management? The two, it is clear, are not the same. In the efficiency approach, efforts are seen as central; in the effectiveness, results.

[**]If there is any one 'secret' of effectiveness, it is 'concentration'.

[***]The best way to predict the future is invent/create it.

[****]The only policy likely to succeed in future is to try to make the future.

미래를 위해 혁신하려고 노력하지 마라. 현재를 위해 혁신하라!*

드러커는 말년에 미국 사람들은 미국이 더는 '빅 보스big boss'가 아닌 새로운 세계에 적응해야 하는 '매우 어려운 전환기'에 직면하고 있음을 간파했다. 미래 세계는 지금보다 더 강력한 경제, 한층 더 창조적인 사회, 다양한 가치체제로 구성된 세계가 될 것으로 보았다. 드러커는 미래를 예측하는 미래학자가 아니다. 미래는 만들어가는 것이지 예측할 대상이 아니다. 미래에 대해 확실한 것은 미래는 오늘날과 같지 않다는 것이다. 그러나 이미 일어난 미래를 활용해야 한다는 것이 드러커의 생각이다.

드러커가 통찰력을 발휘할 수 있었던 이유는 (오늘날 경제학자들이 대부분 여전히 제대로 파악하지 못하는) 경제학을 심원하게 이해한 덕분이었다. 드러커에게 '거시경제학' 개념은 경제를 지속적이고도 안정적으로 성장시키는 기계와 같은 것이 아니었다. '균형'에 대한 전통적 경제개념 혹은 총수요에 대한 케인스의 개념은 드러커가 보기에 아무런 의미가 없었다. 혁신, 끊임없는 변화, 혼란 등이 성장하는 경제의 진정한 상수常數였다.

드러커는 1976년 『보이지 않는 혁명―어떻게 연금기금 혁명이 미국에서 일어났는가?』를 출간했다. 드러커는 이 책에서 연금기금을 아무도 눈치 채지 못한 혁명이라고 표현했다. 드러커는 기업과 정부의 연금이 초래할 결과를, 다시 말해 거대한 자본을 축적한 권력이 몰고 올 결과를 오래전에 경고했다. 그것은 기업의 통치구조에 크게 영향

---

*Don't try to innovate for the future. Innovate for the present!

을 미칠 터이다. 하지만 그는 아무도 미국 최대 연금기금인 캘리포니아 교사연금에 대해 들어본 적도 없던 시대에 그것을 언급했다. 선진국에서는 옛날식의 자본가 대신에 연금기금이 점점 더 자본의 공급과 분배를 통제하고 있다.

1992년 미국에서는 연금기금이 미국 대기업들의 전체 주식의 반을 소유했다. 이들 회사의 장기부채의 반을 제공했다. 연금기금 가입자들은 물론 미국의 노동자, 즉 피고용자들이다.

따라서 만약 공산주의를 마르크스가 정의한 바와 같이 피고용자의 생산수단 소유로 정의한다면 미국은 어느 점으로 보나 최상의 '공산주의' 국가가 되어야 한다. 그러나 미국은 여전히 최상의 '자본주의' 국가이다. 연금기금은 자본가들의 새로운 후손, 즉 얼굴도 모르고 이름도 모르는 월급쟁이들인 연금기금 투자분석가 또는 포트폴리오 관리자들이 운영하고 있다.

# Goals & Objectives :
## 목적과 목표

조직은 성취하고자 하는 목적이 무엇인지를 먼저 결정하지 않고는 아무런 성과를 달성할 수 없다. 달리 말하면 분명한 목적을 갖고 있지 않으면 경영을 할 수 없다.*

---

*It is not possible to be effective unless one first decides what one wants to accomplish. It is not possible to manage, in other words, unless one has not a goal.

드러커는 1954년『경영의 실제』에서 계획과 행동의 격차를 파악하고 목표관리 개념을 제안했다. 목표관리는 업무를 수행할 종업원을 계획을 수립하는 데 참여시킨다. 드러커는 목표관리에서 '어떻게'보다는 '무엇에'에 초점을 맞추었다. 목표관리가 작동되면 주어진 시간의 90퍼센트는 다른 곳에 투입할 수 있다.

목적을 달성하고자 하는 사람에게는 미국 철강산업 창건자인 앤드루 카네기[Andrew Carnegie]가 자신의 묘비명으로 택한 다음 글귀만큼 좋은 처방은 없을 것이다. 카네기의 묘비명은 경영인이라면 모두 본받을 만한 것이다.

> 이곳에 자신의 목표를 달성하기 위해
>
> 자신보다 더 **훌륭한** 사람들을 부하로 선택하여
>
> 함께 일하는 방법을 알고 있었던 한 사람이 묻혀 있다.

자기 자신에게 이런 질문을 던져보라.

"나는 내 묘비에 어떤 말이 새겨지기를 바라는가?"

이것은 곧 '내 인생의 목적은 무엇인가?'와 같은 질문인 셈이다. 나는 드러커에게 다음과 같이 질문한 적이 있다.

"박사님 자신은 어떻게 기억되기를 바랍니까?"

드러커는 이렇게 대답했다.

"몇몇 사람들이 목표를 달성하도록 도와준 사람으로 기억되기 바랍니다."*

---

*I hope to be remembered for a man who helped several people achieve their goals.

자수성가했다고 떠드는 사람들의 말을 곧이곧대로 믿어서는 안 된다. 형과 아버지가 미국 대통령이었고 할아버지가 상원의원이었던 제프 부시Jeff Bush 플로리다 주지사조차 자수성가했다고 말한다. 자수성가했다고 말하는 사람들을 자세히 살펴보면 다른 사람들의 도움이 결정적이었는데도 말이다.

# Human, Humanism, Humanist :
## 인간, 휴머니즘, 휴머니스트

세상사를 두루 살펴보면 선두주자들과 평범한 사람들 사이의 거리는 항상 일정하다. 만약 선두주자의 성과가 올라가면 평범한 사람의 그것도 따라 올라갈 것이다.*

드러커는 많은 사람과 많은 조직들에게 많은 것을 의미한다. 하지만 드러커의 원칙은 모두 휴머니즘에 기초하고 있다.**

드러커는 20세기의 위대한 휴머니스트이다. 드러커의 유가족은 그의 조문자들에게 부조할 생각이라면 박애단체에 기부하라고 말했다.

---

*In human affairs, the distance between the leaders and the average is a constant. If leadership performance is high, the average will go up.

**Peter Drucker was many things to many people and to many organizations. But Peter Druckers principles were all based on humanism.

# Innovation :

## 혁신, 경영혁신

경영혁신은 기존의 자원이 부를 창출하도록 새로운 능력을 부여하는 활동이다. 혁신 자체가 새로운 자원을 창출한다.[*]

인간이 자연 그대로의 것에서 새로운 용도를 찾아내고 경제적 가치를 부여하기 전까지는 '자원'이라고 말할 수 있는 것은 존재하지 않는다. 그때까지는 모든 식물은 잡초이고 모든 광석은 하나의 돌덩어리일 뿐이다. 200년 전 텍사스 들판에서 나온 석유는 농부에게 돈이 아니라 토양을 망치는 성가신 존재였다.

드러커가 슘페터를 영웅으로 여겼다는 사실은 놀랄 일이 아니다. 1983년 케인스와 슘페터 탄생 100주년을 맞아 드러커는 포브스에 다음과 같이 기고했다.

"슘페터 역시 올해 탄생 100주년을 맞았지만 거의 무시되고 있다. 하지만 앞으로 30년 혹은 50년까지는 아니더라도 20세기의 남은 여러 해 동안 경제이론과 경제정책에 대한 사고체계를 결정짓고 그런 문제에 정보를 제공할 경제학자는 슘페터이다."

슘페터가 역설한 기업가정신과 '창조적 파괴' 개념은 오늘날 상식이 되었다. 경제는 지속적으로 변하며 본질적으로 기계적이 아니라 생물학적이다. 혁신가는 경제의 진정한 주체이다. 오래되고 진부한 곳에 투입한 자원을 새롭고도 한층 더 생산적인 분야에 투입하는 기업가는 경제의 진정

---

[*]Innovation is the act that endows resources with a new capacity to create wealth. Innovation, indeed, creates a resource.

한 핵심이고 현대 경제의 중추이다.

혁신은 어제의 자본이득과 자본투자를 진부하게 만든다. 드러커는 슘페터의 경제학적 혁신개념을 경영 현장의 미래에 적용하고는 미래는 기업가들이 창조적 파괴와 혁신을 통해 만들어가는 것이라고 정의를 내렸다.

# Japan & Japanese :
# 일본과 일본인

일본 사람들은 신기술이 등장한 사실을 파악하는 법, 적절한 단계에 해외에서 신기술을 습득하는 법, 외국에서 창출된 아이디어를 이용하여 잘 팔리는 성공적인 제품을, 그것도 발빠르게 개발하는 법을 알고 있다.[*]

드러커는 1950년대에 이미 일본이 경제강국으로 변신할 것을 감지했다. 그리고 궁극적으로 일본은 또 다른 문제에 봉착하게 될 것으로 내다보았다. 즉 고령화사회로 역동적인 기업가정신과 노동유연성이 사라지게 될 것으로 예측했다.

---

[*]The Japanese have learned how one looks for the emergence of new technology; how one acquires new technology from aborad at the right stage; and how one develops the foreign-born idea into a successful, marketable product fast.

# Knowledge, Knowledge workers, Knowledge industries :
## 지식, 지식근로자, 지식산업

진정한 '생산요소'인 지식은 거의 무제한으로 이동성을 갖고 있다. 급변하는 경제와 사회에서 진정한 의미의 직업안정을 이루는 단 하나의 방법은 전직할 수 있을 만큼 충분한 지식을 갖추는 것뿐이다.[*]

새로운 산업은 노동력 차원에서도 육체노동자를 필요로 하는 것이 아니라 지식근로자를 필요로 한다.[**]

새로운 산업들은 예외 없이 '지식근로자'를 많이 고용하는 지식 콘텐츠가 고도로 포함된 제품과 서비스를 생산하는 '지식산업'이다.[***]

드러커는 지식경영이라는 용어로 PC 시대의 도래를 예고했다. 드러커는 마이크로소프트가 등장하기 20년 전에 '머리로 일하는 지식근로자'가 노동력의 중심이 될 것이라고 예견했다.

PETER DRUCKER (1934)

I SUDDENLY REALIZED THAT KEYNES AND ALL THE BRILLIANT ECONOMIC STUDENTS THERE WERE INTERESTED IN THE BEHAVIOUR OF COMMODITIES, WHILE I WAS INTERESTED IN THE BEHAVIOUR OF PEOPLE

---

[*]Knowledge, the true 'factor of productivity', enjoys almost unlimited mobility. The only real security in an economy and society at flux is to know enough to be able to move.

[**]New industries are different in their work force, for they demand knowledge workers rather than manual workers.

[***]The new industries are, one and all, 'knowledge industries,' using large numbers of 'knowledge workers' and producing goods and services with a high knowledge content.

# Leadership & Learning :
# 리더십과 학습

권력이나 지위라는 점에서 혹은 자신이 선택한 분야에서 탁월성과 리더십이라는 점에서 정상에 오른 몇몇 사람은 자신의 내면적 열정을 유지하며 자신이 하는 일에 스스로 완벽하게 전념하는 경향이 있다.[*]

기업가적 경영관리를 수행하는 데는 네 가지 주요 분야에서 정책과 실천활동이 필요하다. 첫째, 혁신조직 만들기. 둘째, 학습조직 만들기. 셋째, 조직 및 인적 자원관리. 넷째, 하지 말아야 할 일들을 하지 않기이다.[**]

지속적인 배움과 가르침은 리더의 속성이다.[***]

드러커는 자신을 교사이자 학생이라고 생각했다. 드러커는 매년 자신이 잘 모르는 특정한 새로운 주제를 설정하고 직접 배웠다.

"신문사에 근무할 때 오전 6시부터 일해서 오후 2시 반, 그러니까 최종 편집이 인쇄에 들어가면 퇴근했다. 따라서 나는 오후와 저녁에는 혼자 억지로 공부를 시작했다. 국제관계와 국제법, 사회제도와 법률제도의 역사, 일반 역사, 재무 등을 공부했다. 차츰 나름대로 공부방법을 개발하게 되었다. 나는 지금도 그대로 한다. 3년 또는 4년마다 다른 주제를 선

---

[*]The few who reach the top, either in terms of power and position or in terms of eminence and leadership in their chosen discipline, preserve their zest and tend to immerse themselves completely in their work.

[**]Entrepreneurial management requires policies and practices in four major areas. First, the organization must be made receptive to innovation. Second, built-in learning to improve performance. Third, management of organizational structure and human resources. Fourth, not to do some 'dont's'.

[***]Leaders require continuous learning and continuous teaching.

택한다. 그것은 통계학, 중세 역사, 일본 미술, 경제학이 될 수도 있다. 3년 정도 공부한다고 해서 그 주제를 완전히 터득할 수는 없지만 그 주제를 이해하는 데는 충분하다. 그런 식으로 나는 60여 년 이상 한 시기에 한 주제씩 공부하고 있다."

이 방법은 우리에게 상당한 지식을 제공한 것으로 끝나지 않는다. 그것은 또한 우리에게 새로운 주제와 새로운 시각 그리고 새로운 방법에 개방적인 자세를 취하도록 해준다. 드러커가 유명해진 이유 중의 하나는 그가 오래 살면서 다양한 주제를 배우고 통합한 글을 썼기 때문이다.

『티핑 포인트』와 『블링크』의 저자 말콤 글래드웰Malcolm Gladwell은 '1만 시간의 법칙'을 주장했다. 그것은 어떤 분야든 숙달되기 위해선 하루 3시간 10년의 노력이 필요하다는 말이다. 2009년 1월 15일 US 에어웨이 여객기 불시착 사건에서 155명의 목숨을 구한 체슬리 설렌버거Chesley Sullenberger 기장은 CNN과 인터뷰에서 성공 요인을 묻자 딱한 가지를 말했다.

"1만 9천 시간의 비행 경험."

# Market & Marketing :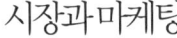
## 시장과 마케팅

오늘날 교환경제는 수요에 기초하여 전 세계적으로 리얼타임으로 교환되는 네트워크 경제로 가치사슬을 형성하는 데 필요한 모든 자원을 즉각 동원한다. 그것은 시장이 아니라 공동체에 더 가깝다.*

오늘날 시장은 공급체인supply chain이 아니라 수요체인demand chain으로 유지되고 거래가 아니라 신뢰로 지탱되며 시장은 점점 더 개인화되고

---

*A demand-driven network of real-time global exchanges that instantly brings together all of the resources needed to form a value chain. The X-Economy is a community not a market.

즉각적으로 거래가 체결된다.

1909년* 헨리 포드는 '어떤 고객이라도 검은색 자동차를 갖기 원한다면 그는 어떤 색깔의 자동차도 가질 수 있다'라고 했다. 1954년 『경영의 실제』에서 드러커는 마케팅과 혁신을 기업 고유의 독특한 기능으로 인식했다. 드러커는 마케팅의 정의를 기업이 고객을 잘 파악하여 재화와 용역이 고객에게 적합해서 스스로 팔려나가도록 만드는 것이라고 말했다. 드러커는 혁신을 기업의 다른 한 중요한 기능으로 보고 혁신은 스스로 팔려나가는 재화를 만드는 책임을 지는 활동이라고 보았다.

# Non-profits 또는 Not-for-profit : 
## 비영리부문, 비영리단체, 비영리조직

공공서비스 기관의 경영혁신이 그토록 중요한 이유는 20세기에 들어와 정부부문과 비영리부문 둘 다에서 공공서비스 부문이 민간부문보다 더 빨리 성장해왔기 때문이다.**

21세기 선진국의 성장부문은 기업, 즉 경제활동 조직이 아닐 것이다. 그것은 비영리 사회부문이 될 확률이 높다.***

---

*드러커가 태어난 해

**The reason why the innovation of the public-service institutions is so important is, because the public-service sector, both the governmental one and the not-for-profit one, has grown faster during 20th century than the private sector.

***Insofar as we can predict, the growth sector in the 21st century in developed countries will not be 'business', i. e, organized economic activity. It is likely to be the nonprofit social sector.

정부와 기업이 해결하지 못하는 것을 사회부문이 해결하는 역할을 한다. 비영리단체는 미국 사회의 가장 독특한 특징이다. 드러커가 비영리단체를 컨설팅한 것은 경제인 모델에 기초한 경제사회가 아닌 비경제적 사회<sup>non economic society</sup>를 달성하기 위해서였다. 지상에 유토피아를 건설할 수 있다는 생각을 거부한 드러커는 그 대안으로 최선을 다하면 '견딜 만한 사회<sup>the bearable society</sup>'는 만들 수 있다고 생각했다. 드러커가 CEO가 받는 과도한 보수를 비판한 것도 같은 차원이다.

교회와 세속의 자원봉사단체들은 사람들이 현대 직업의 한 가지 속성인 무의미함을 극복하는 데 도움을 준다. 불평등을 견딜 만한 것으로 만드는 과정에 교회와 세속의 자원봉사단체들이 과연 불평등을 참을 수 있도록 하는지는 여전히 의문이지만 말이다. 드러커는 휴머니즘에 대한 공헌 활동을 하며 일생을 살았다. 많은 사람이 그의 타계 소식에 애도의 뜻을 표할 뿐만 아니라 그가 남긴 유산에 감사하는 마음을 표한 것은 그런 이유에서였다.


# Organizations & Outsourcing :
## 조직과 아웃소싱

지금까지 조직에 관한 연구는 다음과 같은 하나의 가정에 기초하였다.

"세상에는 단 하나의 올바른 조직이 있다. 또는 있어야만 한다. 따라서 단 하나의 올바른 조직에 대한 탐구는 지속되었고 오늘날에도 계속되고 있다. 그러나 단 하나의 올바른 조직이란 것은 없다."*

　조직 속의 한 개인은 단 한 사람의 '상사'를 따라야 한다는 것이 합리적인 원칙이다. 옛날 로마법에 나오는 법언인 '주인이 셋인 노예는 자유인이다'라는 말은 옳은 말이다.**

　'모든 정보는 전달 단계가 한 단계 늘어날 때마다 잡음은 두 배로 늘어나고 메시지 내용은 반으로 줄어든다'라는 정보이론 때문에라도 조직을 가능하면 '수평구조'로 만드는 것이 합리적일 뿐만 아니라 조직구조의 원칙이다.***

　많은 사람이 비록 그 조직을 위해 일하지만 더는 그 조직의 피고용자가 아니며 그 조직의 풀타임 근로자가 아니다. 그들은 하청계약자로 일한다.****

　자기가 남보다 더 잘할 수 없는 것은 다른 사람에게 위임한다. 그것이 드러커가 한 일이다. 드러커가 컨설팅회사를 차리지 않은 이유는 자신은 가르치는 일, 즉 정보를 수집하고 통찰을 얻고 또 그것을 다른 사람에게 알리는 일은 잘하지만 대규모 조직은 잘 운영하지 못한다는 것을 알고 있었기 때문이다. 역외 아웃소싱에 따른 일자리 소멸

---

*The study of organization has rested on one assumption : there is-or there must be-one right organization. So the search for the one right organization has continued and continues today. But there is no such thing as the one right organization.

**It is a sound principle that one person in an organization should have only one 'master'. There is wisdom to the old proverb of the Roman Law that a slave who has three masters is a free man.

***It is a sound, structural principle to have an organization that is as 'flat' as possible, if only because as information theory tells us 'every relay doubles the noise and cuts the message in half'.

****A very large number of people-though working for the organization-are no longer its employees, let alone its full-time workers. They are individual contractors.

에 대해 드러커는 그것이 근거 없음을 밝혔다. 사라지는 일자리는 쇠퇴하는 산업의 일자리이다. 그 대신 더 많은 '지식 일자리knowledge job'가 새로 생겨난다는 것이다. 물론 마찰적 실업은 불가피하다. 아웃소싱은 원가를 절약하는 방법이 아니다. 그것은 비생산적인 일에 투입한 시간을 한층 더 생산적인 일에 투입하여 작업의 질을 높이려는 것이다. 최고경영자가 되는 경력경로라는 것은 사라졌기 때문에 모든 것을 아웃소싱할 수 있다. 기업계가 이뤄낸 모든 위대한 변혁은 기업 외부에서 온 것이지 안에서 나온 것이 아니다.

# Profit & Profitability :
## 이익, 수익, 수익성

기업은 이익을 올릴 수 있다는 바로 그 이유 때문에 손실의 위험도 감수하지 않으면 안 된다.[*]

　헨리 포드는 진정한 혁신가였다. 그가 공헌한 것은 대량생산 개념, 대량시장 개념, 매우 값싼 제품도 수익성을 올릴 수 있다는 개념 등을 창출한 것이다.[**]

　'사적 기업'의 존재 이유에 대한 가장 강력한 근거는 이익추구 기능

---

[*]Precisely because business can make a profit, it must run the risk of loss.

[**]Henry Ford was true innovator. What he contributed were the concepts of mass production, the mass market, the profitability of the very cheap, and so on.

이 아니다. 그것은 바로 손실감수 기능이다.[*]

드러커는 이익을 중요시했지만 이익최대화가 기업의 유일한 목표는 아니라고 지적했다. 이익은 기업이 부의 창출을 통해 '모두가 잘 사는 사회의 건설'이라는 사회적 목적을 달성하기 위한 필요조건으로 보았다. 이익은 기업의 능력을 측정하는 기준이다.

## Questions :
## 질문, 의문, 문제

우리에게 당면한 질문은 어떻게 하면 고도의 기술변화 시대를, 다시 말해 신산업이 빠르고 빈번하게 등장할 확률이 높은 시대를 경제성장의 시대, 사회 정의의 시대, 개인의 복지와 성취의 시대로 만드느냐 하는 것이다.[**]

지식근로자의 지위와 기능 그리고 자아실현은 지금은 선진국이 되었지만 한 세기 전에는 개발도상국이었던 국가들이 21세기에 당면할 사회적 문제이다.[***]

드러커는 컨설팅할 때 자신이 하는 일은 질문하는 것이고  대답

---

[*]The strongest argument for 'private enterprise' is not the function of profit. The strongest argument is the function of loss.

[**]The question before us is how to make a period of high technology change, that is, a period in which new industries are likely to emerge fast and frequently, into a period of economic growth, of social justice, and of individual well-being and achievement.

[***]The position, function and fulfillment of the knowledge worker is the social question of the 21century in these countries now that they are developed.

을 마련하는 것은 고객의 일이라고 했다. 그런 소크라테스식 방법으로 드러커는 차세대 리더들을 개발했다. 회사를 목적이 이끄는 기업a purpose-driven enterprise으로 만들어줄 드러커의 질문들Drucker's favorite questions은 다음과 같다.

**우리가 하고 있는 기업의 궁극적 목적은 무엇인가?**
What is your company's ultimate purpose?

**우리의 사업 혹은 사명은 무엇인가?**
What is our business or mission?

**우리의 고객은 누구인가?**
Who is our customer?

**고객은 무엇을 가치로 삼는가?**
What does the customer value?

**우리가 바라는 결과는 무엇인가?**
What are our results?

**우리의 사업은 앞으로 어떻게 되어야 하는가?**
What is our plan?

**앞으로도 계속해야 할 일은 무엇인가?**
What is it you should continue to do?

**오래된 일들 중 어떤 것을 폐기할 수 있을까?**
What is it you should stop doing? What to abandon.*

**단기적 목표들 중 장기적 목표달성능력을 해치는 것들은 무엇인가?**
Where has the obsession with the short-term undermined long-term effectiveness?

---

*이를 전략적, 목적이 있는, 창조적, 체계적 폐기 등 다양하게 부른다.

# Responsibility & Empowerment, Respect, Social Responsibility :
## 책임과 권한위양, 존경, 사회적 책임

오늘날 저개발국가에서 일어나고 있는 가장 고무적인 일은, 자신들이 살고 있는 지역사회의 발전을 주도하고 책임지는 소수의 사람들이 국가 전역에 걸쳐 등장하고 있다는 사실이다. 그들이야말로 기업가라고 분류되는 유형의 대표이다.[*]

목표를 달성하는 경영자는 다음과 같이 질문한다.

"내가 속해 있는 조직의 성과와 결과에 큰 영향을 미치는 것으로, 내가 공헌할 수 있는 것은 무엇인가?"

그는 책임을 강조한다.[**]

지식근로자 시대에는 기업의 인적 자원관리는 사람이 기업을 필요로 하기보다는 기업이 사람을 더 필요로 한다는 가정으로 접근해야 한다.[***]

지식사회의 주도적 사회집단은 '지식근로자'이다. 마치 생산적인 곳에 자본을 배분할 줄 아는 자본가처럼 생산성이 있는 곳에 지식을 배분할 줄 아는 지식경영자, 즉 지식전문가, 지식 피고용자들이 지식사회의 주역이 될 것이다. 그러므로 지식사회가 경제적으로 받게 되는

---

[*]The most encouraging development in the poor nations today is the emergence, all over, of small clusters of men who are taking initiative and responsibility for the development of their own community. They are the men as called 'entrepreneurs'.

[**]The effective executive asks "What can I contribute that will significantly affect the performance and the results of the institution I serve?" His stress is on responsibility.

[***]The management of knowledge workers should be based on the assumption that the corporation needs them more than they need the corporation.

도전으로는 지식작업과 지식근로자의 생산성 문제가 있다. 그러나 지식사회가 사회적으로 받게 되는 도전으로는 제2의 계급, 즉 지식근로자가 되는 데 필요한 교육이 부족한 서비스근로자의 존엄성 문제가 있다. 빌딩 화장실을 청소하는 직원도 의미 있는 일을 하는 것이므로 존경받아야 한다.

1987년 3월 24일자 월스트리트저널에서 드러커는 권한위양을 책임포기와 같은 것으로 혼동해서는 안 된다고 지적했다. 권한위양을 할 때는 한층 더 큰 책임감을 느껴야 하고 매우 치밀하게 통제해야 한다. 업무를 구체적으로 명시해야 하고 그 결과를 확실히 규정하고 마감일을 정해야 한다. 권한을 위임받은 사람은 무엇보다도 먼저 상사에게 지속적으로 보고해야 한다. 보스를 감쌀 것이 아니라 일어날 수 있는 문제를 즉각 알려야 한다. 상사가 놀라지 않도록 숨기지 말아야 한다는 말이다. 최고경영자와 그에게서 권한을 위양받은 사람은 해독능력data literate, 즉 무엇을 알아야 할지를 알고 있어야 한다. 컴퓨터를 자동차나 전화를 사용할 때처럼 알고 있어야 한다. 그러나 경영자들은 컴퓨터를 사용할 줄은 알지만 정보를 이용할 줄은 모른다. 경영자들은 업무를 수행할 때 다음과 같은 질문을 해야 한다.

"내가 하는 일을 더 잘하기 위해 나는 어떤 정보가 필요한가?"

"그것을 언제 알아야 하는가?"

"어떤 형태로?"

"누구에게서 정보를 얻어야 하는가?"

"그런 모든 정보를 알게 되면 나는 어떤 새로운 일을 할 수 있는가?

어떤 일들을 남다르게 할 수 있는가?"

"나는 누구에게 정보를 제공해야 하나? 언제, 어떤 형태로?"

드러커는 기업의 이익창출과 사회적 공헌 사이에 아무런 모순이 없음을 보여주었다. 그리고 기업의 이익은 기업이 사회적 공헌을 하기 위해 필수불가결하다는 사실도 밝혀냈다. 드러커는 한 기업이 사회에 미치는 영향과 져야 할 책임을 깊이 생각하지 못하면 사회의 여러 세력에게서 당연히 공격을 받게 된다는 것도 경고했다.

# Success & Achievement :
## 성공, 성취욕구, 성취감

혁신을 성공적으로 추진하는 데는 세 가지 조건이 필요하다. 첫째, 혁신은 고된 작업이다. 둘째, 혁신가는 자신의 강점을 바탕으로 하지 않으면 안 된다. 셋째, 혁신은 시장지향적이어야 한다.[*]

지식에 기초한 경영혁신이 성공을 거두기 위해서는 '때가 되어야' 한다. 사회나 고객이 지식에 기초한 경영혁신을 받아들일 때가 되어야만 한다는 말이다.[**]

지식근로자들에게 적극적으로 고취할 필요가 있는 부분은 성취욕

---

[*]There are three conditions to innovate successfully. First, innovation is hard work. Second, to succeed, innovators must build on their strengths. Third, therefore innovation always has to be market-driven.

[**]To be successful, a knowledge-based innovation has to be 'ripe'; there has to be receptivity to it.

구이다. 그에게는 도전이 필요하다. 그는 자신이 조직에 기여하고 있다는 사실을 스스로 인식할 필요가 있다.[*]

정부가 제공할 수 없는 것이 하나 있다. 그것은 개인의 성취감이다. 그런데 문제는 성취감이 경제개발에 필수적 요소라는 점이다.[**]


## Time & Time management :
## 시간, 시간관리

모든 일에는 시간이 필요하다. 시간이야말로 단 하나의 참다운 보편적 조건이다.[***]

시간은 독특한 자원이다. 시간은 빌릴 수도 고용할 수도 구매할 수도 더 많이 소유할 수도 없는 것이다.[****]

시간은 인간이 가진 가장 희소한 자원이다. 시간은 우리가 어찌할 수 없는 제약조건이다. 어디에 시간을 쓰고 있는지를 측정하고 어디에 사용해야만 하는지를 생각하고 그 차이를 조정하라. 그리고 질문하라.

"기업의 목표를 달성하기 위해 지금 당장 할 일이 무엇인가?"

---

[*]What the knowledge worker needs to be positively motivated is achievement. He needs a challenge. He needs to know that he contributes.

[**]There is one thing government cannot provide: the individual's sense of achievement. Yet this is the essential element of development.

[***]Everything requires time. It is the one truly universal condition.

[****]Time is a unique resource. One cannot rent, hire, buy, or otherwise obtain more time.

다른 주요 자원들 가운데서도 자본은 실질적으로 꽤 풍부하다. 요즘과 같이 수명이 늘어나고 연기금年基金이 확대되는 경우 특히 그렇다. 경제성장과 경제활동에 제약을 가하는 것은 자본의 공급이라기보다는 자본의 수요이다. '투자 부진'이라는 말은 그런 뜻이다.

노동력에 관한 한 우수한 사람을 충분히 고용하기는 어렵지만 많은 사람을 고용할 수는 있다. 그러나 개개인이 가진 시간은 똑같다. 지식 근로자의 생산성 향상에 제약을 가하는 것은 시간 관리이다.


# Unions 또는 Labor Union :
## 노동조합

노동조합은 20세기 선진국에서 가장 성공한 기관일 것이다. 그러나 지금 노동조합이 할 수 있는 것은 오직 옛날 구호만 되풀이하고 옛날 식으로 싸움만 되풀이하는 것뿐이다.

노동조합은 당초 목적을 분명히 달성했다. 서구 선진국에서는 국민 총생산에서 노동이 차지하는 몫이 90퍼센트에 이르고 네덜란드 같은 몇 나라에서는 100퍼센트 가깝게 되자 '좀더'를 추구할 곳이 더는 없게 되었다. 하지만 노동조합은 새로운 도전, 새로운 목적, 새로운 공헌에 대해 심지어 생각하는 것조차 할 능력이 없다. 20세기에 농부의 쇠퇴를 본 것과 같이 21세기에는 육체근로자와 노동조합의 쇠퇴를 보게 될 것이다.

# Visions :

## 비전

오늘날 세계가 필요로 하는 것은 일차적으로 부富가 아니다. 그것은 비전이다. 고위경영자의 혁신적 자세는 부하의 말을 경청하고, 아이디어 제안을 장려하고, 설익은 추측 사항들을 이해하려 하고, 얼핏 떠오르는 생각을 비전으로 바꾸고, 흥분하여 들떠 있는 것을 결과로 연결하는 노력을 기꺼이 하려는 모습을 보여주는 것이다.[*]

혁신가는 한정된 비전을 갖고 있으며 시야가 좁다. 혁신가는 다른 모든 분야는 보지 못하고 자신이 잘 아는 분야만 본다. 혁신가는 넓게 보아야 한다.

# Wealth :

## 부, 재산, 자산

국내적으로든 국제적으로든 빈곤문제를 다룰 때면 사람들은 먼저 부의 분배로 그 문제를 해결하려는 충동을 느낀다. 불행하게도 그것은 착각이다. 우리는 부를 분배할 수 없다.

혁신이란 시장이나 사회를 변화시키는 것이다. 고객에게 더 큰 이익을 안겨주는 것이고 사회가 더 큰 부를 창출하는 능력을 갖도록 하

---

[*]The innovative attitude requires willingness in the part of the people at the top to listen, to encourage, and to go to work themselves at converting crude guesses into understanding, the first glimpse into vision, and excitement into results.

는 것이다. 그리하여 좀더 큰 가치나 더 큰 만족을 제공하는 것이다.

부를 분배하는 것은 사회정의 측면에서는 타당할지 모르지만 경제적으로는 언제나 어리석은 처사였다. 랜드연구소는 1960년대 초, 세계의 빈곤문제를 부유한 국가들의 부를 분배하는 방식으로 해결할 경우 총소요액이 얼마나 될지 계산했다.

전 세계 인구 1인당 국민소득을 1천 달러로 올리기 위해서는 연간 1조 4천 억 달러가 들어간다. 모든 선진국의 연간 총소득을 웃도는 액수이다. 그리고 미국이 해외원조액으로 가장 많이 지출했던 해의 거의 200배에 해당하는 금액이다.


# X-Inefficiency & X-economy : X-비효율성과 X-경제학

경제이론이 위기를 맞는 이유는 역설적으로 경제학이 발달하기 때문이다. 우리에게 필요한 이론은 경제정책의 초점이 '경제적 자원을 재배치하는 것'이 아니라 '경제적 자원의 부 창출능력을 실질적으로 변화시키는 것'이라는 명제에서 출발하는 것이다.

오늘날 미증유의 거대 자본은 점점 더 빠른 속도로 혁신과 기업가적 활동에 투입되고 있다. 교역이 빠르게 큰 규모로 다양하게 복잡하게 이뤄지면서 조직은 새로운 생존수단을 찾기 위해 사력을 다하고 있다. 뉴턴의 과학관이 아인슈타인의 상대성이론에 자리를 내주고 보어의 양자이론이 다시 아인슈타인의 이론을 밀어낸 것처럼, 18세기에 형성된 사업이론은 상호작용하는 시장이론 모델에 자리를 내주어야 한다. 우리가 알고 있는 교환경제는 이런 가혹한 환경, 즉 조직이 앞으로 생존하는 데 필요한 수단들을 급격히 바꾸어야만 하는 환경에 처해 있다.

시장기능에 따라 올바른 가격체계나 가격구조가 주어진다고 해도 생산자들이 능력을 최대한 발휘하지 않아서 발생하는 비효율성을 하비 라이벤스타인Harvey Leibenstein은 X–비효율성X-inefficiency이라고 했다. X–비효율성이 발생하는 이유는 무엇인가? 라이벤스타인은 기업들이 비용을 최소화하려는 동기가 없을 때 발생한다고 보았다. 즉 경영자들이 능력은 있으나 이윤동기가 부족하여 능력을 최대한 발휘하지 않을 때 비용이 최소화되지 않는다. 이런 현상은 국영기업체에서 흔히 발생한다. 또 근로자들이 이윤동기의 부족 또는 인센티브의 부족으로 능력을 최대한 발휘하지 않을 때도 똑같은 현상이 일어날 수 있다. 그밖에도 현실에서는 경영능력이 부족하거나 적극적으로 비용을 절감하려는 노력을 등한히 하기 때문에 주어진 투입물을 배분하여 생산되는 실제 산출량은 최대의 잠재적 산출량에 못 미치는 경우가 많다.

드러커는 이런 문제를 해결하기 위해 끊임없이 목표를 높여야 한다고 주장했다. 따라서 혁신 조직이 해서는 안 되는 일은 목표를 너무 낮게 잡는 것이다.

## Young & Youth :
### 젊은, 젊음

지식근로자는 50여 년 동안 근로생활을 하면서 육체적으로는 젊고 정신적으로는 활기를 유지하는 법을 배워야 할 것이다. 그들은 그들이 하는 것을 어떻게 언제 바꿔야 할지를 알아야 할 것이고 그 방법과 시기를 알아야 할 것이다.

포브스는 일찍이 그런 현상에 관심을 갖고 1997년 드러커가 87세일 때 '여전히 마음이 가장 젊은 사람'이라는 표제로 드러커를 표지 모델로 삼았다.

## Zen :
### 선과 선

일본어 발음으로 zen에 해당하는 한자어로는 선善과 선禪이 있다. 먼저 드러커는 선善을 적극적으로 추구했다. 소설 두 권 중 한 권의 제목은 『선의 유혹The Temptation to Do Good』이다. 드러커는 국제구조위원회에서 활동했고 박애활동도 많이 했다.

사람은 선禪을 통해 어느 날 갑자기 깨달음을 얻는 경우도 있다. 드러커는 관찰을 통해 사물의 흐름을 파악했고 그것을 글로 전달했다. 그것이 거장의 핵심 능력이다.

# 2. 피터 드러커의 주요 연보

## 드러커를 찾아 나선 유럽(2009)

2009년 유럽의 지식인들은 조셉 콘래드Joseph Conrad의 소설 『암흑의 핵심』에서 주인공 말로가 유럽식 교육을 받은 신비스러운 지식인 미스터 커츠를 찾듯이 피터 드러커에게 관심을 보였다. 『암흑의 핵심』에서 화자는 커츠라는 한 신비스러운 백인에게 매혹된 이야기를 들려준다. 커츠는 웅변술과 매혹적인 성격으로 자기 주위의 야만적인 원주민들을 지배한다. 화자는 원주민을 착취하는 탐욕스러운 상인 커츠를 몹시 경멸하면서도 충성심을 불러일으키는 커츠의 힘을 부인하지 못한다. 화자는 자신의 이야기가 뜻하는 바가 정확히 무엇인지 자신조차 모른다고 고백한다. 『자전적 기록』의 서문에서 콘래드는 이렇게 썼다.

"내 책을 읽은 독자들은 이 세상, 즉 현세가 매우 단순한 몇몇 개념에 의존한다는 나의 확신을 보게 됩니다. 그중에서도 특히 성실성이라는 개념이 있습니다."

콘래드의 성실성 개념은 인간의 내부에 은밀하게 숨어 있는 악에 대한 방어벽이다. 그러나 충성심이 침몰하고 방어벽이 무너지고 마음속에 있던 악이 밖에 있던 악을 인정할 때 무슨 일이 일어나겠는가? 그것이 콘래드의 소설이 다루고 있는 주제이다.

드러커는 인간이 지상에서 유토피아를 달성할 수 없다고 파악했다. 하지만 드러커는 지상에서 유토피아 대신에 적어도 '참고 견딜 만한 사회'는 만들 수 있다고 보았다. 『암흑의 핵심』의 주인공이 미지의 인물 미스터 커츠를 찾아 나섰듯이 유럽의 지식인들은 같은 유럽 출신이지만 미국에서 활동한 경영사상가 드러커의 삶과 사상에 뒤늦게 관심을 가졌다.

드러커 역시 유럽에 대한 애정은 그다지 갖고 있지 않았다. 오스트리아 출신 영화배우이자 캘리포니아 주지사인 아놀드 슈왈제네거가 언젠가 다음과 같은 질문을 했다.

"드러커 박사님, 또 다른 한 오스트리아인이 통치하는 이곳에서 귀하의 생애를 마감하는 데 대해 어떻게 생각하십니까?"

그러자 드러커는 매우 냉소적으로 대답했다.

"나는 오스트리아 사람들에게 좋은 인상을 갖고 있지 않아요. 나는 오스트리아 사람들이 어떤 사람들인지 아주 잘 알고 있어요."

# 빈에서 유럽 탈출까지(1909~1933)

## (1909~1927년 빈, 관찰자)

드러커는 1909년 합스부르크 왕가가 지배하는 오스트리아 제국의 수도 빈에서 제국의 고위 관료인 아버지와 지식인 어머니 사이에서 태어났다. 그는 9세 때인 1918년 인구 5천만 명의 오스트리아 제국이 제1차 세계대전에서 패배하고 제국의 속국들이 각자 독립하여 떨어져 나가면서 인구 650만 명의 알프스 산자락 밑 소국으로 전락하는 것을 목격했다. 드러커는 똑같은 분열이 1990년대 발칸에서 재현되는 것을 보았다.

드러커의 아버지는 제국의 공무원이었고 어머니는 의학을 공부한 지식인이었다. 드러커의 집은 빈 지식인의 살롱이었다. 오스트리아의 위대한 법학자 한스 켈젠이 드러커의 이모부였다. 아버지의 친구들 중에는 미제스, 슘페터, 하이에크, 토마스 만, 아르투어 슈니츨러 등이 있었다. 그래서 드러커는 스스로 듣고 배우는 남다른 교육을 받았다. 드러커의 할머니는 말러의 지휘로 피아노를 협연했던 음악가였다.

제1차 세계대전 직후 빈은 모든 것이 한결 더 좋았던 전전戰前에 대한 추억에 잠겨 있었고 모두 '그때가 좋았어'라고 애석해하고 있었다. 그러니까 드러커가 한창 성장하던 시절 빈은 단지 향수를 간직한 퇴락하는 수도에 지나지 않았다. 나중에 드러커는 당시 자신은 휴화산에 갇혀 있었다고 회고했다.

## (1927년 함부르크, 무역회사 견습생과 대학생)

미래지향적인 드러커는 그런 빈을 견딜 수 없었다. 1927년 18세 때 김나지움을 졸업한 드러커는 부모의 희망인 빈대학에 들어가 의사가 되거나 법학교수가 되는 길을 마다하고 고향을 떠나기로 작심한다. 드러커는 함부르크로 가서 무역회사의 견습사원이 되었다. 그리고 함부르크대학 법학부에 등록했다. 낮에는 일을 배우고 밤에는 책을 읽고 영화, 연극, 오페라, 음악 연주를 보고 들었다. 이른바 파트타임 업무에 파트타임 학생이었다. 당시 유럽 대학들은 하루 종일 강의하는 교육체제를 운영하지 않았다. 드러커 자신의 말을 인용하면 다음과 같다.

"하루 여덟 시간 중 네 시간 정도 공부하고 나머지 반의 반은 맥주 파티 또 반의 반은 섹스파티였다."

## (1929~1931년 프랑크푸르트, 기자와 법학자)

드러커는 대공황 직전인 1929년 미국 증권회사 프랑크푸르트 지점에 근무하면서 최초로 인쇄된 논문을 출판했다. 세계경제는 호황을 지속할 것이라는 전망을 담고 있었다. 그런 증권분석은 대공황 직전에는 일반적인 견해였다.

그 직후 대붕괴가 시작되었다. 그때 드러커는 앞날을 점치는 예언은 하지 말아야 한다는 사실을 배웠다. 드러커의 논문은 저절로 사라졌다. 드러커는 곧 프랑크푸르트 게네랄 안차이거 신문의 국제부에서 근무하게 되었다. 제1차 세계대전 때문에 수많은 인텔리가 사망했으므로 드러커 같은 신출내기도 중요한 사건들을 다루게 되었다. 드러커는 히틀러와 괴벨스<sup>Paul Joseph Goebbels</sup> 등의 행동을 관찰했다.

대학도 함부르크대학에서 프랑크푸르트대학으로 전학했지만 수업은 여전히 꼬박꼬박 참석하지 않아도 되었다. 박사과정에 있던 드러커는 늙은 교수를 대신하여 학부생을 상대로 강의를 했다.

당시 유럽의 다른 나라도 마찬가지였지만 독일은 심각한 불황에 돌입했고 그런 틈을 이용해 나치가 서서히 세력을 넓혀갔다. 길거리에는 나치 청년대원이 활개를 쳤다. 나치는 자신들이 권력을 잡으면 세상의 모든 문제를 해결해주겠다고 떠들고 다녔다. '농부에게는 밀의 가격을 높게 쳐주고 도시민에게는 빵을 낮은 가격에 공급해 우리는 나치의 가격을 달성한다'라고 주장했다. 턱도 없는 그 말에 독일 사람들은 환호했다. 1931년 드러커는 프랑크푸르트대학에서 국내법 및 국제법 박사학위를 취득했다.


## 보수주의적 국가이론과 역사발전, 작가의 꿈(1933~1938)

1933년 드러커는 과감하게 나치에 맞서 관용을 주장한 독일의 유대인 법철학자이자 국회의원인 프리드리히 슈탈의 교훈을 받아들여야 한다는 내용의 소책자를 출간했다. 나치는 이 책을 금서로 지정하고 불태워 없애버렸다. 그리고 프랑크푸르트대학을 접수한 나치의 조건을 용인할 수 없었던 드러커는 곧 독일을 떠났다.

(1) 프리드리히 슈탈 : 보수주의적 국가이론과 역사발전(Friedrich Julius Stahl : Konservative Staatslehre und Geschichtliche Entwicklung, 1933)

　1933년 영국으로 건너간 드러커는 런던 보험회사와 증권회사에서 증권분석 업무를 했다. 드러커는 4년간 런던에서 근무하면서 케인스의 경제학 세미나를 1년 가까이 들었다. 드러커는 케인스의 경제학이 상품에 초점을 맞춘 것임을 깨달았다. 그 반면 자신은 사람에 관심을 두고 있음도 알았다. 그것이 드러커가 경제학에서 컨설팅과 경영학으로 전환하는 계기가 되었다. 드러커는 '컨설팅이란 곧 사람에 관한 사업consulting is a person business'이라고 정의했다. 컨설팅이란 상품을 파는 가게가 아니라는 것이다. 그런 드러커를 경제학자들이 좋게 볼 리 없었다. 드러커는 이렇게 회고했다.

　"경제학자들이 일치하는 단 한 가지 견해는 피터 드러커는 경제학자가 아니라는 것이다."

　1937년 드러커는 나치 독일을 탈출했을 때처럼 런던에 대해서도 식상해졌다. 제2차 세계대전의 전운이 감도는 시기였는데도 런던 역시 제1차 세계대전 이야기만 하고 있었다. 드러커는 자신의 미래를 미국에서 펼치기로 결심하고 1937년 런던 파이낸셜타임스로 가서 통신원 자격으로 미국으로 떠나겠다고 제안했다. 하지만 단순히 전통적인 현지 주재기자가 아니라 작가가 되려고 했다. 1937년 드러커는 도리스 슈미트와 결혼한 뒤 영국신문사컨소시엄 특파원 및 유럽은행 고문 자격으로 도미했다.

그때부터 드러커는 현대 미국의 산문을 섭렵하기 시작했고 논픽션에 집중했다. 드러커는 이렇게 말했다.

"스무 살부터 글쓰기가 내 일의 전부였다."

드러커의 글쓰기는 흔히 그의 경영서적에서 보는 것 같은 무미건조한 것이 아니었다. 드러커는 로스앤젤레스를 '햇빛은 사람을 땀으로 뒤범벅 만들고 숨 막히는 팜트리와 껍질이 벗겨진 벽토 담벼락으로 둘러싸인 연옥이다'라고 묘사했다. 은퇴한 J. P. 모건에 대해서는 '돈은 많지만 잊힌 인물'이라고 표현했다. 사회학을 여드름에 비유하면서 '문명은 질병에 의해 사라지지 않는다. 다만 가려울 뿐이다'라고 해학적으로 표현했다. 이익에 대해서는 냉소적으로 '유일한 이익중심점profit center은 고객이 발행한 수표들 중 부도가 안 난 수표뿐이다'라고 말했다. 반어법도 잘 사용했다.

"오직 미적 관점에서 보면 나는 하의상달식 경영Bottom-Up Management이라는 용어를 좋아하지 않는다."

드러커는 사회, 경제, 경영에 관한 저술을 많이 한 뒤 1982년 73세에 소설『최후의 가능한 세상The Last of All Possible Worlds』과 1984년 『선의 유혹The Temptation to Do Good』을 발표했다.

# 정치, 경제, 사회(1939~1950)

1939년 드러커는 뉴욕의 사라로렌스대학에서 경제학과 통계학을 가르쳤다. 독일에서의 경험을 바탕으로 드러커는 『경제인의 종말 : 전체주의의 기원』을 썼다. 처칠은 이 책이 나오자 좋은 서평을 발표했을 뿐만 아니라 나중에 사관학교 졸업생들의 배낭에 이 책을 필수지참품으로 넣도록 지시했다.

『경제인의 종말 : 전체주의의 기원』은 드러커 사상의 출발점으로 정치, 사회, 경영, 기업, 종교에 대한 기본 사고를 제시한다. 이 책에서 그는 나치의 등장 원인을 독일의 특수성 때문이 아니라 자본주의와 사회주의의 실패로 분석했고 독일의 경제적 실패는 나치가 등장하기 위한 온상이 되었다고 주장했다.

이 책에서 드러커는 사람들이 '불평등은 견딜 수 없는 것이라는 생각을 덜 하도록 만들기 위해inequality appear far less intolerable' 그리고 시장 제도를 극도로 혐오하지 않도록 하기 위해 강력한 비경제적 사회non-economic society*를 건설해야 한다고 강조했다.


(2) 경제인의 종말 : 전체주의의 기원(The End of Economic Man : The Origins of Totalitarianism, 1939)

1942년 버몬트 주 배닝턴대학 전임교수(철학, 종교, 정치학)로 1949년까지 재직했다.


(3) 산업인의 미래(The Future of Industrial Man, 1942)

1943년 GM에 대한 컨설팅을 시작했으며 미국 국적을 취득했다.

---

*경제인 모델에 기초한 사회가 아닌 사회

(4) 기업의 개념(Concept of the Corporation, 1946)

1947년 마셜플랜 고문이 되었고 유럽 여행 뒤 유럽 부흥계획에 참여(조지 마셜 관찰)했다.

1950년 뉴욕대학 경영학 교수로 1971년까지 재직했으며 하버드 비즈니스 리뷰에 처음으로 기고Management must manage 했다.


(5) 뉴 소사이어티 : 산업질서의 해부(The New Society : The Anatomy of Industrial Order, 1950)


# 경영, 기술, 미래(1951~1970)

1951년 GE 컨설팅 시작, 국제구호단체International Rescue Committee 봉사활동을 했다.

1954년 휴전 직후 아이젠하워 대통령의 요청으로 한국의 교육부흥 계획을 수립하기 위해 처음으로 한국 방문, 일본과 일본 기업 방문,* 일본화를 수집하기 시작했다.

1954년『경영의 실제』에서 경영원칙의 기초를 서술했다.


(6) 경영의 실제(The Practice of Management, 1954)

---

*1993년까지 1~2년마다 일본 방문

(7) 미국의 다음 20년(America's Next Twenty Years, 1955)

1957년 지식근로자라는 용어를 처음으로 사용했다. 같은 해에 빌 게이츠는 두 살이 되었고 텍사스 인스트루먼츠<sup>Texas Instruments</sup>는 처음으로 집적회로를 특허 받았다.

(8) 내일의 이정표 : 새로운 포스트모던 세계에 대한 보고서(Landmarks of Tomorrow : A Report on the New 'Post-Modern' World, 1957)

(9) 기술, 경영, 사회(Technology, Management and Society, 1958)
    지식, 성과, 단절(1961~1970)

1962년 Academy of Management로부터 Wallace Clark International 수상했다.

(10) 창조하는 경영자(Managing for Results, 1964)

1966년 『자기경영노트』를 발표했다. 이 책은 최초로 아랍어로 번역된 서구의 명저 100권에 선정되었다. 일본 정부로부터 훈장을 받았다.

(11) 자기경영노트(목표를 달성하는 경영자, The Effective Executive, 1966)

1967년 Society for Advancement of Management로부터 Taylor Key Award를 수상했다.

(12) 단절의 시대 : 변화하는 우리 사회를 위한 지침서(The Age of Discontinuity : Guidelines to Our Changing Society, 1968)


# 경영학과 인문학, 연금혁명(1971~1980)

1971년 뉴욕대학교에서 은퇴하고 캘리포니아 주 클레어몬트대학원 사회과학부 클라크 석좌교수로 부임했다.

(13) 인간, 아이디어, 정치(Men, Ideas and Politics, 1971)

1973년『매니지먼트 : 경영의 과업, 책임, 실제』에서 유명한 명언 '기업의 목적에 대한 타당한 정의는 단 한 가지뿐이다. 그것은 고객을 창조하는 것이다*'를 남겼다. 드러커는 경영에 관한 연구를 하나의 독자적인 분과학문으로 정립했다. 경영은 조직사회의 제도적 기관이자 기능이라는 사실과 경영은 기업조직만이 아니라 현대사회의 모든 조직의 통치기관이라는 사실을 널리 알렸다. 그리고 경영연구에서 사람과 권력, 가치와 구조와 기관, 무엇보다도 사회적 책임에 초점을 맞추었다. 그다음 경영의 원칙을 '진정한 인문 예술로서의 경영'에 초점을 맞추었다.

---

*There is only one valid definition of business purpose : to create a customer

(14) 매니지먼트 : 경영의 과업, 책임, 실제(Management : Tasks, Responsibilities, Practices, 1973)

1975년 월스트리트저널에 사설 정기 기고를 시작했다. 1995년까지 20년간 기고했다.

(15) 보이지 않는 혁명 – 어떻게 연금기금 혁명이 미국에서 일어났는 가?(The Unseen Revolution – How Pension Fund Socialism Came to America, 1976)

1977년 두 번째로 한국을 방문하고 세계 중소기업대회에서 주제를 발표했다.

(16) 경영학 서설(An Introductory View of Management, 1977)

(17) 경영 사례(Management Cases, 1977)

(18) 사람과 성과(People and Performance : The Best of Peter Drucker on Management, 1977)

(19) 방관자의 모험(Adventures of a Bystander, 1978)

1979년 뉴욕과 시애틀에서 일본화 컬렉션을 순회전시하고 포모나대 학에서 1985년까지 동양미술을 강의했다.

(20) 붓의 노래(Song of the Brush : Japanese Painting from the Sanso Collection, 1979)

(21) 격변기의 경영(Managing in Turbulent Times, 1980)

# 변화와 혁신, 소설과 비영리단체(1981~1990)

1981년 46세의 젊은 나이에 GE의 CEO가 된 잭 웰치는 GE의 방만한 사업을 구조조정할 필요성을 느꼈다. 잭 웰치는 마침 뉴욕을 방문한 드러커와 뉴욕의 GE 본사에서 이 문제에 대해 대화를 나누었다. 드러커는 답을 제공하는 사람이라기보다는 질문을 잘하는 사람이다. 드러커는 잭 웰치에게 다음과 같이 물었다.

"만약 당신이 옛날부터 이 사업을 안 했다고 합시다. 지금 이 사업을 새로 시작하겠어요? 그렇지 않다면 이 사업을 어떻게 하실 겁니까?"

이 질문은 간단했지만 매우 큰 힘을 발휘했다. 'GE의 여러 사업부문들 중 1, 2위를 하지 못하는 부문은 포기한다'라는 잭 웰치의 유명한 정책은 여기서 나왔다.

(22) 새로운 경제학 외 수필집(Toward the Next Economics and Other Essays, 1981)

(23) 변모하는 경영자 세계(The Changing World of the Executive, 1982)

(24) 최후의 가능한 세상(The Last of All Possible Worlds, 1982)

(25) 선의 유혹(The Temptation to Do Good, 1984)

(26) 기업가정신(혁신과 기업가정신, Innovation and Entrepreneurship, 1985)

1986년 일본에서 드러커 컬렉션을 전시했다.

(27) 경영의 프런티어(The Frontiers of Management, 1986)

1987년 클레어몬트 경영대학원의 명칭을 피터 드러커경영대학원Peter F. Drucker Graduate School of Management으로 개명했다.

(28) 새로운 현실(The New Realities, 1989)

1990년 피터 F. 드러커 비영리재단Peter F. Drucker Foundation for Non Profit Management이 설립되었다. 드러커는 명예 이사장으로 취임했다.

(29) 비영리단체의 경영(Managing the Non-Profit Organization, 1990)

# 지식생산성과 사회생태학(1991~2000)

1991년경부터 드러커는 자신을 스스로 사회생태학자<sup>socioecologist</sup>로 규정했고 저술도 주로 미래와 사회환경에 초점을 맞추었다.

(30) 미래기업 : 1990년대와 그 이후(Managing for the Future : The 1990s and Beyond, 1992)

(31) 생태학적 비전(The Ecological Vision, 1993)

(32) 자본주의 이후의 사회(Post-Capitalist Society, 1993)

1994년 하버드대학의 고드킨 강좌<sup>Godkin Lecture at Harvard University</sup> 시리즈를 맡았다.

(33) 미래의 결단(Managing in a Time of Great Change, 1995)

(34) 아시아에 대한 전망 : 피터 드러커와 이사오 나카우치의 대화 (Drucker on Asia–A Dialogue between Peter Drucker and Isao Nakauchi, 1997)

(35) 자본주의 이후 사회의 지식경영자(Peter Drucker on the Profession of Management, 1998)

(36) 21세기 지식경영(Management Challenges for the 21st Century, 1999)

1999년 90세에 저술한 『21세기 지식경영』이 비즈니스위크의 '올해의 10대 경영 명저'에 선정되었다.


# 종합과 전망(2001~2005)

2001년 드러커는 구세군이 민간인에게 수여하는 최고상인 에반젤린 부스 상을 받았다. 2001~2003년 선톱 미디어는 드러커를 '세계에서 가장 영향력 있는 경영사상가'로 선정했다.

(37) 에센셜 드러커 : 프로페셔널의 조건·변화리더의 조건·이노베이터의 조건*(원제는 『에센셜 드러커』 한 권이지만 일본과 한국에서는 『프로페셔널의 조건』 『변화 리더의 조건』 『이노베이터의 조건』 『미래경영』으로 분리 출판되었다.)

2002년 93세로 학부 강의에서 은퇴했다. 대통령 자유메달을 받았다. 드러커는 '나는 우상이 되어서는 안 된다'라고 강력히 주장했고 헤셀바인 등이 주축이 되어 만든 '피터 F. 드러커 비영리재단'은 명칭을 '리더 투 리더'로 바꾸었다. 2002년 말, 2003년 초 CNBC는 '피터 드러커의 지적 여행'을 5회 방영했다.

---

*The Essential Drucker : In One Volume the Best of Sixty Years of Peter Drucker's Essential Writings on Management, 2001

(38) 넥스트 소사이어티(Managing in the Next Society, 2002)

2003년 최후의 저서를 편집했고 American Management Association 으로부터 리더십 비저너리상을 수상했다.

(39) 경영의 지배(A Functioning Society : Selections from Sixty-Five Years of Writing on Community, Society and Policy, 2003)

2004년 클레어몬트대학교는 드러커의 일본인 기업가 친구 마사토시 이토의 이름을 드러커경영대학원에 첨가하여 교명을 Peter F. Drucker and Masatoshi Ito Graduate School of Management로 개명했다. 대학원의 명칭을 바꿀 때 학생들은 반대했다. 심지어 항의 플래카드를 들고 학장 사무실로 쳐들어갔다. 그때 와병 중이던 드러커는 대학원이 잠재적 기부자들에게서 기부금을 유치하는 데 어려움을 겪고 있다는 것을 알고는 직접 나서서 학생들에게 말했다.

"내가 죽고 나서 3년 후면 내 이름은 전혀 도움이 안 될 것으로 확신한다. 교명에서 내 이름을 빼내는 조건으로 1천만 달러를 얻을 수 있다면 그렇게 해도 좋다."

2004년 초 포브스는 인터뷰에서 드러커에게 질문했다.

"귀하의 긴 인생경력 중에 하고 싶었지만 하지 못한 일이 있었는가?"

드러커는 이렇게 대답했다.

"많았어요. 과거 내가 쓴 책들보다도 더 나은 책들을 쓰고 싶었는데……. 나의 최고의 책은 어쩌면 『Managing Ignorance』이었을 터인데 결국 쓰지 못했어요."

그는 2005년 11월 11일 클레어몬트 자택에서 95세 11개월로 타계했다. 2006년 클레어몬트대학교는 드러커 아카이브를 드러커 인스티튜트 the Drucker Institute, www.druckerinstitute.com로 바꾸었다. 드러커 인스티튜트는 드러커의 일생의 업적을 널리 알리고 목표를 달성하는 경영과 윤리 적 리더십을 사회 전반에 보급하는 사명을 띠고 있다.

2009년 11월 캘리포니아와 빈에서 드러커 탄생 100주년 기념행사가 열렸다.

피터 드러커의 서훈과 포상에 대해서는 The Claremont Colleges Digital

Library(http://ccdl.libraries.claremont.edu/collection) 참조

# | 인명 찾아보기 |

ㅎ

지은이 **이재규**

**대한민국 최고의 피터 드러커 전문가**

서울대학교 상과대학을 졸업하고 대구대학교 경영학과 교수 및 동 대학 총장을 지냈다. 포틀랜드 주립대 교수, 영원무역 사외이사, TBC 대구방송 비상임 이사 등을 역임했다. 현재 삼익 THK 사외이사와 Korea Druckerian Association 대표를 맡고 있다.

1992년 12월 캘리포니아 주 클레어몬트 자택에서 드러커를 처음 만난 후 2005년 타계하기 전까지 매년 만나 가르침을 얻었고 인터뷰한 것을 국내 여러 신문과 잡지 등에 기고했다. 1993년『자본주의 이후의 사회』를 번역한 것을 시작으로 드러커 초기 중기 주요 저작물들과 최근 신간 등 22권을 번역했다.

주요 번역서로는 『프론티어스 매니지먼트』(청림출판, 2010, 근간) 『피터 드러커의 매니지먼트』(21세기북스, 감수 및 해설, 2008) 『피터 드러커, 창조하는 경영자』(청림출판, 2008) 『경제인의 종말』(한국경제신문, 2008)

『클래식 드러커』(한국경제신문, 2007) 『피터 드러커, 마지막 통찰』(명진출판, 2007) 『경영의 실제』(한국경제신문, 2006) 『기업가정신』(한국경제신문, 2004) 『경영의 지배』(청림출판, 2003) 『자기경영노트』(한국경제신문, 2003) 『단절의 시대』(한국경제신문, 2003) 『넥스트 소사이어티』(한국경제신문, 2002) 『미래경영』(청림출판, 2002) 『프로페셔널의 조건』(청림출판, 2001) 『변화 리더의 조건』(청림출판, 2001) 『이노베이터의 조건』(청림출판, 2001) 『미래의 공동체』(피터 드러커 외, 21세기북스, 2001)

『자본주의 이후 사회의 지식경영자』(한국경제신문, 2000) 『미래의 조직』(피터 드러커 외, 한국경제신문, 2000) 『미래의 결단』(한국경제신문, 1999) 『21세기 지식경영』(한국경제신문, 1999) 『자본주의 이후의 사회』(한국경제신문, 1993) 등이 있다.

주요 저서로는 『무엇이 당신을 만드는가』(위즈덤하우스, 2010) 『지식역사』(한국경제신문, 2009) 『지식근로자』(한국경제신문, 2009) 『지식사회』(한국경제신문, 2009) 『한 권으로 읽는 피터 드러커 명저 39권』(21세기북스, 2009) 『역사에서 경영을 만나다』(사과나무, 2008) 『피터 드러커의 인생경영』(명진출판, 2007) 외 다수가 있다.

KI신서 2914

# 피터 드러커의
# 이미 일어난 미래

**1판 1쇄 인쇄** 2010년 10월 25일
**1판 1쇄 발행** 2010년 10월 29일

**지은이** 이재규
**펴낸이** 김영곤 **펴낸곳** (주)북이십일 21세기북스
**출판콘텐츠사업부문장** 정성진 **TF팀장** 안현주
**기획** 최혜빈 **편집** 백은숙 **디자인** 표지 본문 공간42
**마케팅영업본부장** 최창규 **마케팅** 김보미 허정민 김현유 **영업** 김용환 이경희 우세웅
**출판등록** 2000년 5월 6일 제10-1965호
**주소** (우 413-756) 경기도 파주시 교하읍 문발리 파주출판단지 518-3
**대표전화** 031-955-2100 **팩스** 031-955-2151 **이메일** book21@book21.co.kr
**홈페이지** www.book21.com **커뮤니티** cafe.naver.com/21cbook

ISBN 978-89-509-2667-0 03320
값은 뒤표지에 있습니다.